进阶式对外汉语系列教材
A SERIES OF PROGRESSIVE CHINESE TEXTBOOKS FOR FOREIGNERS

成功之路
ROAD TO SUCCESS

跨越篇
INTERMEDIATE

主　编　　邱　军
副主编　　彭志平
执行主编　张　伟
编　著　　王俊毅

北京语言大学出版社
BEIJING LANGUAGE AND CULTURE
UNIVERSITY PRESS

图书在版编目（CIP）数据

成功之路.跨越篇.第1册/王俊毅编著.
－北京：北京语言大学出版社，2008.8（2017.11重印）
ISBN 978-7-5619-2173-9
Ⅰ.成… Ⅱ.王… Ⅲ.汉语-对外汉语教学-教材
Ⅳ.H195.4
中国版本图书馆CIP数据核字（2008）第127615号

书　　　名：	成功之路·跨越篇（第一册）	
责任印制：	汪学发	

出版发行：	**北京语言大学出版社**	
社　　　址：	北京市海淀区学院路15号　邮政编码：100083	
网　　　址：	www.blcup.com	
电　　　话：	发行部 82303650/3591/3651	
	编辑部 82303647/3592	
	读者服务部 82303653	
	网上订购电话 82303908	
	客户服务信箱 service@blcup.com	
印　　　刷：	保定市中画美凯印刷有限公司	
经　　　销：	全国新华书店	

版　　　次：	2008年8月第1版　2017年11月第8次印刷	
开　　　本：	889毫米×1194毫米　1/16	
印　　　张：	课本10.5／听力文本及部分练习参考答案0.75	
字　　　数：	219千字	
书　　　号：	ISBN 978-7-5619-2173-9/H.08162	
定　　　价：	45.00元	

凡有印装质量问题，本社负责调换。电话：82303590

前言

　　《成功之路》是一套为母语非汉语的学习者编写的对外汉语教材。这套教材既适用于正规汉语教学机构的课堂教学，也可以满足各类教学形式和自学者的需求。

　　《成功之路》为教学提供全面丰富的教学内容，搭建严谨规范的教学平台。学习者可获得系统的汉语言知识、技能、文化的学习和训练。同时，《成功之路》的组合式设计，也为各类教学机构和自学者提供充分的选择空间，最大程度地满足教学与学习的多样化需求。

◆ 架构

　　《成功之路》全套22册。按进阶式水平序列分别设计为《入门篇》、《起步篇》、《顺利篇》、《进步篇》、《提高篇》、《跨越篇》、《冲刺篇》、《成功篇》。其中《入门篇》为1册；《进步篇》综合课本为3册，《进步篇·听和说》、《进步篇·读和写》各2册；《提高篇》、《跨越篇》综合课本各2册，《提高篇·听和说》、《跨越篇·听和说》各1册；其余各篇均为2册。篇名不但是教学层级的标志，而且蕴涵着目标与期望。各篇设计有对应层级和对应水平（已学习词汇量），方便学习者选择适合自己的台阶起步。

进阶式对外汉语系列教材《成功之路》阶式图

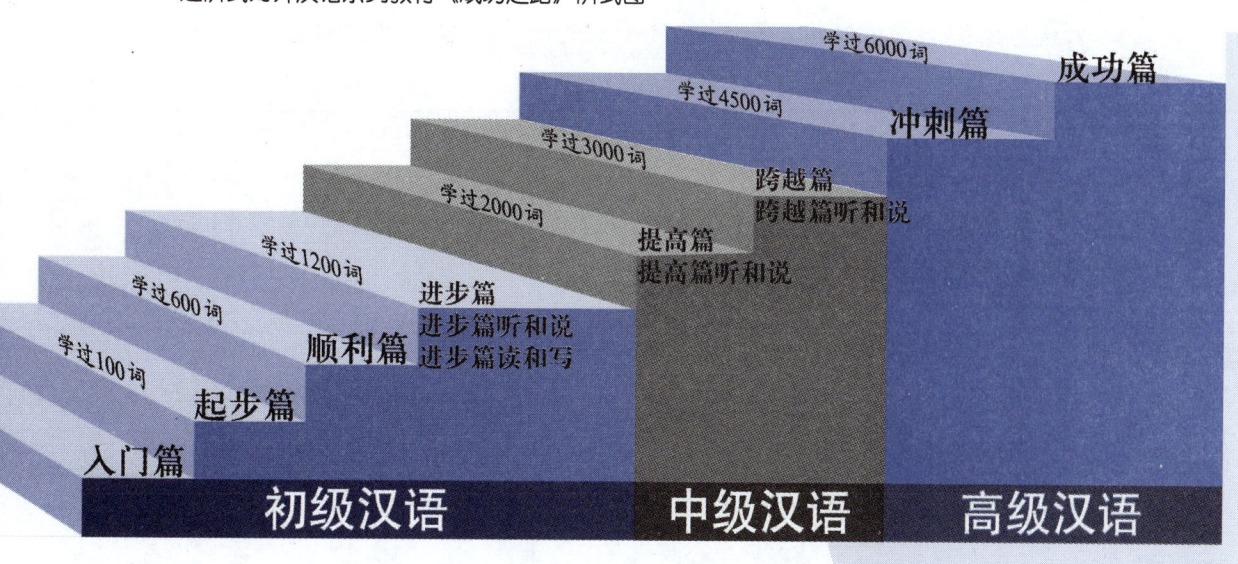

学过100词	入门篇
学过600词	起步篇
学过1200词	顺利篇
学过2000词	进步篇 / 进步篇听和说 / 进步篇读和写
学过3000词	提高篇 / 提高篇听和说
学过4500词	跨越篇 / 跨越篇听和说
学过6000词	冲刺篇
	成功篇

初级汉语　　中级汉语　　高级汉语

1

学习者选择教材参照表：

学习起点参照等级			适用教材
已学习词汇量	新汉语水平考试等级（新HSK）	新欧盟语言框架等级（CEF）	
0			《入门篇》
100 词左右	新 HSK 一级		《起步篇》
600 词左右	新 HSK 二级、三级		《顺利篇》
1200 词左右	新 HSK 四级	A1	《进步篇》
2000 词左右	新 HSK 四级、五级	A2	《提高篇》
3000 词左右	新 HSK 五级、六级	B1	《跨越篇》
4500 词左右	新 HSK 六级	B2	《冲刺篇》
6000 词左右		C1	《成功篇》

◆ 依据

《成功之路》以"国家汉办"的《高等学校外国留学生汉语教学大纲（长期进修）》（简称《大纲》）为基本研制依据，采用自行研制的编教软件，对《大纲》的语言点（项）、词汇、汉字等指标进行穷尽式覆盖，以保证教材的科学性、系统性、严谨性。编写者还根据各层级学习和教学的需求，对《大纲》的部分指标进行必要的调整，其中高级汉语部分增删幅度较大。另外，对各类汉语学习者随机调研的结果以及相关精品教材的研究成果也是《成功之路》的重要研制依据。

◆ 理念

《成功之路》以"融合、集成、创新"为基本研制理念。作为一套综合性教材，其内涵的多样性决定理念的集成性，不囿于某一种教学法。因此，编写者根据所编教材的特性，分析融合相关的研究成果，集多家之成，纳各"法"之长。

创新是《成功之路》的重要研制理念，全套教材的每篇每册都有创新之处。创新点根据需要或隐含或显现，从中可见编写者的匠心。"易学、好教"是《成功之路》的研制目标，为实现此目标，尊重学习者的反馈和从教者的经验自然也是编写者的重要研制理念。

◆ 特点

《成功之路》作为一套诞生于新世纪的对外汉语教材，在"传承与创新""关联与独立""知识与技能""语言与文化""二维与多维"诸方面融入了编写者更多的思考和实践。限于篇幅，略加说明。

1. 传承与创新

《成功之路》从对外汉语教学的沃土中汲取丰富的营养，植根于它的发展，受益于它的进步。编写者将成功的教学经验、教学模式和研究成果带入教材，使《成功之路》更符合学习者的语言认知规律，更有助于学习者掌握和应用。如：《入门篇》、《起步篇》、《顺利篇》都以"讲练"的形式呈现，便是采纳对外汉语教学早期的"讲练模式"。这种更适宜初学者的编写设计，已经为多年的教学成效所证明。

《成功之路》在传承的基础上力求创新，篇篇都有创新点。如：《起步篇》和《顺利篇》改变以往语言点的描述角度，变立足于教师的规则性语言为面向学习者的使用性语言，便于学习者理解和运用。《提高篇》和《跨越篇》设计了语素练习项目，强化语素的辐射生成作用，增强学习者的词汇联想能力，减少记忆负担，提高学习效率；还在多项练习中设置语境，为学习者提供丰富的语用场，提高其准确地遣词用句的能力，为日后学以致用增加助力。《冲刺篇》和《成功篇》针对高级阶段词语辨析的难点，设置"异同归纳"的板块，将规则说明和练习紧密结合，实现从理解到使用的有效过渡。

另外，《入门篇》的总分式语音训练，《进步篇·听和说》、《进步篇·读和写》的融合性技能训练，《提高篇》、《跨越篇》的听说式"课文导入"，《冲刺篇》、《成功篇》的分合式"背景阅读"等等，都彰显着编写者的创新性理念和实践性思维。

2. 关联与独立

《成功之路》进阶式系列教材，全套共分8篇，涵盖初级汉语、中级汉语和高级汉语。各篇之间的关系如同阶梯，具有依存性和关联性，便于配套使用。如：设计者将"语词→语句→语段→语篇"的教学任务，明确分布于不同层级，强调各自的练习方式，为学习者提供一个循序且完整的训练过程。

同时，《成功之路》各篇也相对独立，可以单独使用。如：《进步篇·听和说》、《进步篇·读和写》从内容到形式，都适合做专项技能训练的独立教材。这种关联与独立相结合的设计，使《成功之路》既能保持配套教材的系统性，又有独立教材的灵活性，免除捆绑式教材的羁绊，为学习者提供更多的选择。

3. 知识与技能

《成功之路》定位于综合性语言技能训练教材。全套教材以训练语言能力为显性设计，以传授语言知识为隐性设计。编写者将语言知识的学习隐含于语言技能训练的全过程。如：《起步篇》、《顺利篇》、《进步篇》尽量淡化语言点的知识性描述，代之以直观的插图、表格、练习等，以此引导教师最大限度地避免单纯的知识讲授。上述"三篇"在设计中兼顾话题单元和语言点顺序，巧妙地处理话题与语言点交集的难题，较好地解决了长期困扰初级教材编写的"带着镣铐跳舞"的问题。《提高篇》和《跨越篇》将语言知识蕴涵在课文和练习中，使学习者能通过有计划的练习和活动实现对知识的理解和运用。

《成功之路》遵循并实践第二语言教学的基本原理，精心设计并处理语言知识和语言技能的关系，帮助学习者在技能训练中学习知识，进而以知识学习提高技能水平，最终达到全面提高汉语交际能力的目的。

4. 语言与文化

《成功之路》既是语言资源，又是文化媒介。在选文和编写过程中，编写者追求文化含量的最大化。全套教材自始至终贯穿一条"文化现象→文化内涵→文化理解"的完整"文化链"。如：《入门篇》、《起步篇》、《顺利篇》、《进步篇》使用初级汉语有限的语言材料，尽可能多地展现文化点，使学习者在学习语言的同时，自然地感受和了解中国文化。《提高篇》和《跨越篇》在对课文材料选取和删改时，特别注意其中的文化含量，为学习者提供丰富多彩的文化内容。《冲刺篇》和《成功篇》选文讲究，力求文质兼美、具有典范性。其中文化理解的可挖掘性为高端学习者构建了探究中国文化深层内涵的平台。

与单纯讲授文化的教材不同，《成功之路》将文化内容寓于语言学习之中。语言提升与文化理解，二者相得益彰。

5. 二维与多维

《成功之路》利用现代科技手段，建造二维平面与多维立体相契合的"教学场"。多媒体课件的研制和使用，弥补了传统平面教材的局限。除了直观、形象、生动的特点外，还可以增强教师对教材的调整和控制能力。如：生词的闪现、语句的重构、背景的再现等，使讲授过程更加得心应手。《成功之路》的多媒体课件可以让教材内容延伸至课堂外，扩大教学空间，形成教师得以充分施展的广阔的"教学场"。

同时，《成功之路》多媒体课件中完整的教学设计和教学思路也是可资借鉴的教案。

◆ 结语

语言教学，可以枯燥得令人生厌，也可以精彩得引人入胜。究其缘由，教师和教材是主因。

期望《成功之路》能为学习者带来一份精彩。

主编
2008 年 6 月

目录

致学习者 I

1 我们为什么要爱护野生动物 1

课文导入　　　　　　　　　　　　　　　　　　　　　　1

课文：我们为什么要爱护野生动物　　　　　　　　　　　2
　　　出于　随着　毫无　算　既……又……　按……来……
　　　而

练习　　　　　　　　　　　　　　　　　　　　　　　　8

扩展阅读　　　　　　　　　　　　　　　　　　　　　　16
　　（一）自然之友
　　（二）唐锡阳：跋涉在绿色之路

2 学会放手 19

课文导入　　　　　　　　　　　　　　　　　　　　　　19

课文：学会放手　　　　　　　　　　　　　　　　　　　20
　　　再三　居然　一向　只管　巴不得　迟早　来　反复

练习　　　　　　　　　　　　　　　　　　　　　　　　26

扩展阅读　　　　　　　　　　　　　　　　　　　　　　34
　　（一）傅雷家书
　　（二）刘亚洲给儿子的一封信

3 说话的技巧 39

- 课文导入 　　　　　　　　　　　　　　　　　　　39
- 课文：说话的技巧 　　　　　　　　　　　　　　　40
  - 暗暗　应　不料　随即　猛然　八成儿　归功于　难怪
  - 务必
- 练习 　　　　　　　　　　　　　　　　　　　　　48
- 扩展阅读 　　　　　　　　　　　　　　　　　　　55
  - （一）语言的艺术——委婉的暗示
  - （二）赞美别人

4 发现步行之美 59

- 课文导入 　　　　　　　　　　　　　　　　　　　59
- 课文：发现步行之美 　　　　　　　　　　　　　　60
  - 以　……来……去　以致　纷纷　为……所……
  - 不要说……，只要……，就……　简直　从……来说
- 练习 　　　　　　　　　　　　　　　　　　　　　68
- 扩展阅读 　　　　　　　　　　　　　　　　　　　76
  - （一）双脚走出健康路
  - （二）运动与健康

5 海尔的美国之路 79

- 课文导入 　　　　　　　　　　　　　　　　　　　79
- 课文：海尔的美国之路 　　　　　　　　　　　　　80
  - 有意　要不是　特地　难以　从而　这样一来　随后
  - 无非　进一步

练习	88
扩展阅读	95
（一）从"爱普生中国"到"中国爱普生"	
（二）科技改变生活	

6 我用石头砸开了IBM的门 99

课文导入	99
课文：我用石头砸开了IBM的门	100

顺　赶忙　偏偏　万万　大致　好歹
看……了（看……的、看……的了）

练习	108
扩展阅读	115

（一）职场存在"已婚歧视"
（二）早起的鸟儿好觅食

7 陈寿亭 119

课文导入	119
课文：陈寿亭	120

顺手　忍不住　算得了什么呢　稍　凡是　要不　一再

练习	128
扩展阅读	135

（一）城南旧事
（二）多收了三五斗

词语索引 141
扩展词语索引 149
致教师 153

致学习者

亲爱的朋友,如果你已经初步掌握汉语基本语法,词汇量达到2000个左右,那么《成功之路·提高篇》和《成功之路·跨越篇》是你进一步提高汉语水平的最好选择。

《提高篇》和《跨越篇》是为中级汉语水平学生编写的综合教材,分为四册,一学年学完。其中《提高篇》两册为第一学期使用,《跨越篇》两册为第二学期使用。

《提高篇》和《跨越篇》会给你带来愉悦的学习过程,使你获得明显的进步。

1. 课文内容丰富多样,词汇句式实用,信息真实

课文题材包括了中国当代社会的方方面面,如经济、体育、旅行、动物、环境、求职、能源、中外文化差异、家庭情感、青年生活、邻里关系、传统文化、人际关系、爱情婚姻等。文体也较为广泛,有记叙文、说明文、议论文、人物传记、诗歌等。

课文提供的词汇、句式、信息都是当代中国人日常生活中经常使用的。学习之后,你会快速适应中国生活,快速了解中国文化,快速学会用中文进行表达。

2. 学习难度逐步增加,轻松学习,学精学透

每课生词量由最初的40多个,逐步过渡到70多个。重点词语和语法,按课文内容分布,难度逐步增加。文章篇幅按三课为一单元逐层递增,从800字一直延伸至2100字左右。练习题量和难度也逐步增加,如"连句成段"以及"扩充阅读"部分会按不同阶段增加题量和难度。这种渐进的编排方式能帮助你把所学内容学精、学透。

3. 增加新的学习内容,让你的学习更加有效

语素学习 汉语中有不少组词能力强的语素,能生成大量的汉语常用词。因此,我们在每课练习中都配有3~5组这样的语素练习。四册书中,你将学习90多个组词能力强的语素及450多个相关的词语。这将使你巧妙掌握更多的词语,同时发现汉语组词的特点。

近义词辨析 如何分辨近义词是中级阶段汉语学习的难点。为帮助你克服这一难点,我们在每课练习中都设计了3~5组近义词辨析练习。通过这些练习,你将准确掌握它们的意思并学会如何使用。学完四册书,你可以掌握90余组近义词的词义和用法。

成语学习 汉语中有大量的成语,结构简练,寓意深刻。掌握、运用成语的多少可以反映一个人汉语水平的高低。这套书将帮助你加深对成语的认识和了解,快速提高你使用成语的能力。四册书中,你将学习到120多个成语。

I

语段学习 在中级阶段的汉语学习中，只会说单句是远远不够的。你应该会说、会写一段完整的话，了解句与句、段与段之间如何连接、按什么方式连接。通过学习，你将掌握汉语语段的组织方式，从而使你的汉语表达更加完整、规范、得体。

语用练习 要想准确、得体地使用语言，就必须明确在什么情况下说什么样的话。为此，我们在练习题里设置了语境。我们的词语及语法练习，都设计成一段对话。你在完成这个练习时，必须先读懂这段对话，知道它可能是在什么地方、什么情况下出现的。这样做练习，一来可以了解中国人的思维方式和表达方式，二来又可以使语言使用的场景更加丰富。

4. 新的排版方式令你的学习更加便捷

为了使你在学习课文的过程中能快速查找到生词的发音、意思以及用法，我们专门设计出课文与生词对应出现的版式。这样的生词表不但为你预习、复习提供方便，而且还有类似词典的功效。此外，凡是重点词语和语法，我们都用特殊方式标明，使每课的重点词语和语法一目了然。

我们相信这套教材能帮助你迅速了解当代中国，迅速扩大你的汉语词汇量，实现汉语水平的提高和跨越。

执行主编
2008 年 6 月

1 我们为什么要爱护野生动物

课文导入

一 听短文（第一遍）回答问题

1. 人类与其他动物是什么关系？
2. 把鸟养在家里是对它们的爱吗？为什么？
3. 人和动物的比赛是平等的吗？

二 听短文（第二遍）填空

从人类成为地球的主人开始，人类_____也成了其他动物的敌人。随着人类社会的_____，人类对其他动物的_____也越来越大。今天，我们不得不对自己说："请爱护野生动物！"

那么我们应该怎么爱护动物呢？有人把鸟养在家里，_____它们，他们觉得自己爱鸟。但是他们的爱是_____的，因为鸟只有生活在大自然中才会唱出快乐的歌。有人喜欢和动物_____，他们去狩猎，证明自己的力量。他们觉得自己和动物是_____的，因为他们可能打死动物，也可能被动物吃掉。但是，_____他们和动物的比赛并不是平等的，因为他们手里有枪，有工具。

对动物_____的爱，不是把鸟养在家里，也不是和动物比赛，而是真正_____大自然，对大自然充满_____。爱护野生动物，就是爱护我们自己生活的_____；爱护野生动物，就是爱护人类自己。

三 讨论

你认为怎么做才是真正爱护野生动物？

课文　　我们为什么要爱护野生动物

我们为什么要爱护野生动物？这个问题看起来简单，却非常重要，这是一个涉及保护物种、保护生态、保护环境的社会问题。

为了把问题说清楚，我们先分析两种看法：

养鸟算不算爱鸟？

北京有个"养鸟爱鸟协会"。我不养鸟，对这个组织知之甚少；但我爱鸟，我觉得一个社会组织把"养鸟"和"爱鸟"联系在一起有点儿别扭。人们愿意养一些观赏鸟，让它们说话唱歌，陪伴自己生活，这跟许多人养猫、养狗一样，没什么不可以。但要把这个说成是爱，第一个拍案而起的，可能是900多年前的欧阳修。他在一首诗里这样写道："始知锁向金笼听，不及林间自在啼。"意思是说，即使是把鸟关在黄金做的笼子里，它也不会像在树林里叫得那么动听。这样看来，古代就有人对养鸟这种传统表示反对了。当然，古代人对养鸟有不同意见，主要是出于热爱大自然，出于人类对动物的同情。社会发展到今天，随着科学文化的进步，人们对野生动物的认识和感情也在不断深化，因此我们更不能把养鸟的行为当做爱鸟的行为了。

我们还要看到一种情况：养鸟的人越来越多，卖鸟市场越来越繁荣，这让很多

我们为什么要爱护野生动物

1. 涉及　shèjí　（动）　involve　牵涉到；关联到。可与"到"连用。
   这件事涉及很多方面。
   网络安全性是一个涉及面很广的问题，严重情况还涉及到刑事犯罪和商业机密外泄。

2. 物种　wùzhǒng　（名）　species　对生物的分类。

3. 生态　shēngtài　（名）　ecology　生物在一定自然环境下生存和发展的状态。

4. 协会　xiéhuì　（名）　association　为促进某种共同事业的发展而组成的群众团体。

5. 知之甚少　zhī zhī shèn shǎo　（成语）　know little about　知道得很少。
   对中国文化，他知之甚少。
   电脑方面的知识，我知之甚少。

6. 观赏　guānshǎng　（动）　enjoy the sight of　观看欣赏。
   观赏表演；观赏比赛

7. 陪伴　péibàn　（动）　accompany　陪同做伴。
   这个箱子陪伴我二十年了。
   我生病的时候，她一直陪伴着我。

8. 拍案而起　pāi àn ér qǐ　（成语）　strike the table and rise to one's feet in indignation　形容十分愤怒。
   听到这个消息，他不由得拍案而起。

9. 欧阳修　Ōuyáng Xiū　（专名）　北宋文学家、史学家（1007~1072）。

10. 笼　lóng　（名）　cage　笼子。

11. 林　lín　（名）　wood　树林。

12. 自在　zìzài　（形）　free　自由；不拘束。

13. 啼　tí　（动）　crow　鸟兽叫。

14. 黄金　huángjīn　（名）　gold　金子。

15. 动听　dòngtīng　（形）　interesting or pleasant to listen to　听起来使人感动或感觉有兴趣。
    这首曲子旋律优美动听。

16. 出于　chūyú　（介）　out of　表示做事情时所考虑的主要因素。
    我决定到北京来学汉语是出于工作的需要。
    我选择这个专业是出于兴趣，并没有考虑将来找工作会怎么样。

17. 随着　suízhe　（介）　along with　用在句首或动词前面，表示动作、行为或事件的发生所依赖的条件。常用句式是"随着……的+〈动词〉，〈主语〉……"。
    随着秋天的到来，树叶变红了。
    随着经济的发展，人们的生活方式发生了很大的变化。
    随着年龄的增长，他越来越理解父母了。

18. 繁荣　fánróng　（形）　prosperous　经济或事业发展得很好。

人把捕鸟作为一种挣钱的方法。在捕鸟和卖鸟的过程中，大量的鸟死亡，而且越是珍贵的鸟就越贵；越贵的鸟，捕的人越多；捕的人越多，鸟就越少。大家都在批评捕鸟的行为，可是这种行为难道和养鸟毫无关系吗？

狩猎者是不是热爱动物？

养鸟者说他们爱鸟，一些狩猎者也说他们热爱动物。他们认为人也是大自然中的一部分，人可以和动物赛智慧，赛速度，赛力量，就像动物之间也这样比赛一样。如果是在原始社会，这种说法还有一些道理。在生活条件比较原始的情况下，人们可以杀死动物，有时候也会被动物吃了或伤了，这种竞赛还算是"自然"的。但如果是指现在，跟动物"赛智慧"的人手中拿着先进武器，甚至大规模破坏自然，那就不应该说成是热爱了吧？

但是，实事求是地说，目前一些地方的狩猎活动在客观上帮助了自然保护，也是实际情况。有些动物发展得太快，如果不控制的话，会对环境造成破坏。科学的管理和狩猎活动，对控制这些动物的发展是有帮助的。同时我们还看到，许多自然保护积极分子正是曾经的狩猎者。这也不奇怪，因为他们通过狩猎，懂得了动物的生活习惯，懂得了不保护就没有动物、没有动物就没有狩猎的道理，懂得了动物和人之间的关系。英国的彼得·斯科特就曾经是一个狩猎爱好者。他在年轻的时候，走遍全国，带着枪到处捕鸟。在长期的捕鸟过程中，他成为最熟悉鸟、最了解鸟的人。有一次他打到了一只大雁。那只大雁落在沼泽里没有死，叫了很长的时间。他既不能走过去救它，又没办法打死它。第二天，那只大雁还在那里，还活着。大雁临死时的叫声，让他永远不能忘记。他说："我对自己的敌人也不会这样，而它不是敌人，只是一只可爱的大雁。"后来，他不仅不捕鸟了，还成了一个爱鸟者，画鸟，写鸟，研究鸟，在电视台主持爱鸟的节目，还创办了世界野

我们为什么要爱护野生动物

19 捕　bǔ　（动）　catch　捉。

20 挣　zhèng　（动）　earn　通过工作得到。

21 毫无　háowú　（副）　none　一点儿也没有。毫无+〈名词〉。
毫无希望；毫无关系；毫无准备

22 狩猎　shòuliè　（动）　hunt　抓捕或猎杀动物。

23 智慧　zhìhuì　（名）　wisdom; intelligence　判断、辨别和创造的能力。

24 原始　yuánshǐ　（形）　primitive　刚开始的；古老的。

25 竞赛　jìngsài　（名）　competition　比赛。

26 算　suàn　（动）　consider; regard as　当做；算做。
这次考试成绩还算可以，不过听力考得不如上次。
跟北京比起来，这儿的物价可不算贵。

27 先进　xiānjìn　（形）　advanced　水平较高的；领先的。
先进经验；先进技术；先进武器

28 规模　guīmó　（名）　scale　工程、事业、机构等的范围。大规模+〈动词〉。
与中青年服装、生活用品市场比较起来，我国的老年用品市场还没有形成规模。
我们正在大规模发展地铁交通。

29 实事求是　shí shì qiú shì　（成语）　seek the truth from facts　从实际情况出发，正确地处理和对待问题。
科学研究要实事求是。
实事求是地说，他的成绩还是不错的。

30 控制　kòngzhì　（动）　control　掌握对象，使它不能任意活动。
控制自己的感情；控制人口

31 造成　zàochéng　（动）　give rise to　引起某种后果。
造成破坏；造成影响；造成伤害

32 积极分子　jījí fènzǐ　activist　积极的人。

33 彼得·斯科特　Bǐdé Sīkētè　（专名）　Peter Scott　英国艺术家、鸟类学家（1909~1989）。

34 大雁　dàyàn　（名）　wild goose　一种鸟。

35 沼泽　zhǎozé　（名）　swamp　水草茂密的泥泞地带。

36 既……又……　jì……yòu……　both...and...　表示两种情况都有。
这工作既轻松又挣钱，他当然乐意。
他很为难，既不愿意让妈妈不高兴，又不愿意让妻子失望。

37 敌人　dírén　（名）　enemy　因为仇恨而互相对立的人。

38 主持　zhǔchí　（动）　host; take charge of　负责掌握或处理。
主持节目；主持工作；主持人

39 创办　chuàngbàn　（动）　establish　开始办。

生生物基金会等一些世界著名的自然保护组织，投入到爱鸟、爱动物、爱自然的事业中。狩猎者成为动物爱好者，甚至成为自然保护的积极分子，这种情况常常可以见到。我也相信，随着认识的提高和社会的发展，中国的养鸟者同样会成为真正的动物爱好者和自然保护的积极分子。

什么是正确的爱？

我们对动物的爱应该从生态学的观点出发。什么是生态学观点？简单地说，就是要按大自然本来的面目和大自然的规律，来认识自然，研究自然，保护自然。

19世纪60年代，当时的美国总统给一个印第安人部落写信，要买他们的土地。印第安人回了一封非常深刻而动人的信，信中说：土地是我们的母亲，动物和植物是我们相依为命的兄弟姐妹，我们怎么可以卖掉他们呢？印第安人为什么会有这样的生态学观念呢？这是因为他们直接生活在大自然中，比我们更接近大自然，比我们更了解大自然。

我们的爱，不应该是养猫养狗的爱，也不应该是与动物"竞赛"的爱，而应该是从生态学观点出发的爱。我们要保护生态系统，保护生态环境，保护生态系统中的一切物种。现实已经让我们明白，生物物种的消失，威胁着整个大自然，也威胁着人类自己。有位生态学家说：消灭一个物种，就像从飞机上拿走一个钉子，看起来问题好像不大，但是这飞机已经不再安全了。应该说，我们的大自然已经很不安全了。因此，我们应该对野生动物有更多的认识，给它们更多的感情和爱。否则，我们将追悔莫及。

（原作：唐锡阳）

我们为什么要爱护野生动物

40 生物　shēngwù　（名）　living things　动物和植物的总称。

41 基金　jījīn　（名）　fund　为某种事业而储备的资金。

42 生态学　shēngtàixué　（名）　ecology　研究生物之间以及生物与环境之间关系的科学。

43 按……来……　àn……lái……　according to　按照（标准、要求、规则）等做事情。
我们一定要按要求来完成任务。
这个问题我们只能按规定来解决。

44 面目　miànmù　（名）　appearance　事物表现出的状态。
真面目；本来的面目

45 印第安人　Yìndì'ānrén　（专名）　American Indian; native American　美洲最古老的居民。

46 部落　bùluò　（名）　tribe　由若干血缘相近的氏族联合而成的集体。

47 深刻　shēnkè　（形）　deep; profound　感受程度很深。
深刻的道理；他说得非常深刻

48 而　ér　（连）
（1）connecting two coordinate elements, which are often adjectives　连接两个并列的成分，前后两个成分互相补充。多连接两个形容词。
这里的工作紧张而（又）快乐。
他是个坚强而（又）勇敢的人。
（2）connecting the adverbial and headword, with the adverbial indicating purpose, reason, etc.
连接状语和中心语，状语表示目的、原因等。
我要为学好汉语而努力。
谁也不会因为你做的这一切而感谢你。
（3）indicating transition, with the former part and the latter opposite or contrary in meaning
表示转折，前后两部分意思相对或相反。
这衣服质量是很好，而价格却实在让我接受不了。
他希望得到的是感情上的安慰，而不是经济上的帮助。

49 动人　dòngrén　（形）　touching　使人感动。
动人的故事

50 相依为命　xiāng yī wéi mìng　（成语）　stick together and help each other in difficulties
互相依靠着过日子。
父亲去世后，他和母亲相依为命。

51 系统　xìtǒng　（名）　system　同类事物按一定的关系组成的整体。

52 现实　xiànshí　（名）　reality　客观存在的事物。
现实生活

53 威胁　wēixié　（动）　threaten　使某人或事物面对危险。

54 消灭　xiāomiè　（动）　exterminate　使消失、灭亡。

55 钉子　dīngzi　（名）　nail　一端尖锐的金属细棒状物体，起连接固定作用或用来挂东西。

56 追悔莫及　zhuīhuǐ mò jí　（成语）　too late to regret　非常后悔，但是已经来不及了。
这件事造成这么大的损失，他真是追悔莫及。

练习

一 朗读

1. 朗读下面的词语

爱护野生动物　　　看起来简单　　　养鸟爱鸟协会　　　没什么不可以

出于热爱大自然　　　不能把养鸟的行为当做爱鸟的行为了

把捕鸟作为一种挣钱的方法　　　在捕鸟和卖鸟的过程中

大规模破坏自然　　　在客观上帮助了自然保护

威胁着整个大自然　　　追悔莫及

2. 朗读下面的句子，注意停顿和语调

(1) 这样看来，古代就有人对养鸟这种传统表示反对了。

(2) 随着科学文化的进步，人们对野生动物的认识和感情也在不断深化，因此我们更不能把养鸟的行为当做爱鸟的行为了。

(3) 养鸟的人越来越多，市场越来越繁荣，这让很多人把捕鸟作为一种挣钱的方法。

(4) 大家都在批评捕鸟的行为，可是这种行为难道和养鸟毫无关系吗？

(5) 养鸟者说他们爱鸟，一些狩猎者也说他们热爱动物。

(6) 如果是在原始社会，这种说法还有一些道理。

(7) 目前一些地方的狩猎活动在客观上帮助了自然保护，也是实际情况。

(8) 同时我们还看到，许多自然保护积极分子正是曾经的狩猎者。

(9) 随着认识的提高和社会的发展，中国的养鸟者同样会成为真正的动物爱好者和自然保护的积极分子。

(10) 土地是我们的母亲，动物和植物是我们相依为命的兄弟姐妹，我们怎么可以卖掉他们呢？

二 参考语素的注释和例句，理解新词语并选择填空

1. 生物

　　[物]：东西；事物　thing; object

　　例：地球上的一切生物，都是这样，一天过去了，又去迎接明天的新生。

动物 / 废物 / 产物

(1) 环保部门很重视_____再利用的问题。
(2) 人类如何与_____和平共处，是一个值得我们思考的问题。
(3) 沙尘暴是强大风力与沙尘相结合的自然_____。

2. 速度

　　▶ [度]：表示物质的有关性质达到的程度　degree

　　例：道路的增加速度永远也比不上汽车的增加速度。

硬度 / 湿度 / 高度

(1) 北京夏天与冬天的空气_____差别非常大。
(2) 我们在这一方面的技术水平已经达到了一个新的_____。
(3) 钻石的_____非常高。

3. 力量

　　▶ [量]：能容纳或经受的限度　capacity

　　例：这项事业单靠政府是不行的，需要借助全社会的力量。

饭量 / 气量 / 胆量

(1) 我从前_____很小，晚上不敢一个人走路。
(2) 我年轻的时候_____很大，现在不行了，每天吃得很少。
(3) 要学会原谅别人，_____大的人才会受到大家的欢迎。

4. 生态学

　　▶ [学]：学科　discipline; subject; study

　　例：从生态学的角度看，人是自然界中的一员，是食物网中的一个环节。

物理学 / 经济学 / 地质学

(1) 他做了几十年的销售工作，虽然没有专门学过_____，但是他的经验却是十分丰富的。
(2) _____关心的是物质、能量和它们之间的相互作用。
(3) _____的观点认为地球是由六大板块组成的。

三 辨析近义词，并用括号中的词语完成句子

1. 看起来　看来

二者都可以用来表示估计，"看起来"还可以表示从"看"的角度来说，与其他角度相对照，如"看起来……，听起来……"；而"看来"一般不表示这个意思。

例：这件衣服<u>看起来</u>样子还行，不过质量一般。

这次比赛，据他<u>看来</u>是没有问题的。

(1) A：我看这本书比较简单，就选这本吧。

　　B：这本书＿＿＿＿＿＿＿＿＿，读起来可并不容易。（看起来）

(2) A：听说老李退休后一直住在青岛，很少回北京。

　　B：嗯，他说青岛更适合老年人居住，＿＿＿＿＿＿＿＿。（看来）

2. 随着　伴随

"随着"用在句首或动词前面时，表示动作、行为或事件的发生所依赖的条件；"伴随"的意思则较具体，指跟随或是相伴。

例：<u>随着</u>春天的到来，他的病一天天好了起来。

这些年，无论遇到多大的困难，妻子总是<u>伴随</u>着他。

(1) A：你现在有很多中国朋友吧？

　　B：是啊，＿＿＿＿＿＿＿＿，＿＿＿＿＿＿＿＿。（随着）

(2) A：他好像对这支笔特别喜爱。

　　B：是啊，很多年来，＿＿＿＿＿＿＿＿＿＿＿＿。（伴随）

3. 毫无　毫不

"毫无"相当于口语中的"一点儿也没有"，后边必须带宾语，而且所带宾语只能指抽象事物，不能指具体事物；"毫不"相当于口语中的"一点儿也不"，后边一般是形容词或动词。"毫不"和"毫无"后边都不能接单音节词。

例：每次上街，她都要买回一堆<u>毫无</u>用处的东西，家里都快放不下了。

今天在会上，他<u>毫不</u>客气地把我批评了一顿。

(1) A：听说老板刚才叫你去见他？怎么样？

　　B：他突然问我一个项目的情况，_____，回答得乱七八糟。（毫无准备）

(2) A：跟他谈得怎么样？

　　B：挺顺利的，他_____。（毫不犹豫）

4. 造成　引起

"造成"后边一般是消极的后果；"引起"后边通常是一种现象、活动，可以是消极的，也可以是积极的。

例：这件事对我们公司造成了很大的影响。

　　他的话当时就引起了大家的争论。

(1) A：出租车又涨价了，现在真是打不起车了。

　　B：这也没办法，_____。（造成）

(2) A：他最近在报纸上发表了一篇文章，谈农业问题。

　　B：嗯，_____。（引起）

四　根据例句，用指定词语完成句子

1. 知之甚少

例：我对电脑知之甚少，出一点儿毛病就要麻烦别人。

A：你能不能给我们谈谈他在北京工作时候的情况？

B：对不起，虽然我当时跟他在一个单位，_____。

2. 拍案而起

例：报纸上的这条新闻让他拍案而起，他决定给有关部门写封信，请他们关心一下环境问题。

A：听说你在会上当着那么多人发了脾气？

B：是啊，我不愿意跟他们发火，可是_____。

3. 实事求是

例：我们必须从自己的情况出发，实事求是地按照自己的能力来制订一个计划。

A：你觉得在这本书里提到的事情是不是符合实际情况？

B：_____，不过有些内容我不太同意。

4. 相依为命

例：这些年来，我们俩相依为命，从来没有分开过。

A：听说老伴去世对您的打击很大。

B：是的，_____，她去世以后，我觉得失去了一切。

5. 追悔莫及

例：我当时因为工资太低放弃了这家公司，现在真是追悔莫及。

A：孩子因为学习压力太大而离开了家，做父母的是什么感受呢？

B：当时给孩子报了很多班，学这学那，_____。

五 用括号里的词语完成对话

1. A：你为什么选择这家宾馆？

    B：_____。（出于）

2. A：现在关心环保的人越来越多了。

    B：是啊，_____。（随着）

3. A：真没想到会发生这样的事故，事故责任查清楚了吗？

    B：昨天我们找有关人员进行了调查。

    A：调查结果呢？

    B：_____。（毫无）

4. A：麦克，听说你搬家了，新家怎么样？

    B：房间挺大的，两室一厅。

    A：租金呢？

    B：_____。（算）

5. A：这个假期我想去旅行，你觉得自己去好还是参加旅行团好？

    B：我看你还是参加一个旅行团吧，这样_____。
    （既……又……）

6. A：你为什么选择这个专业？这个专业找工作容易吗？

    B：_____。（不是……而是……）

7. A：你知道她想要什么牌子的化妆品吗？

    B：她都给我写好了，_____。（按……来……）

8. A：你不是打算跟麦克一起去旅行吗？怎么自己走啊？

   B：我们俩啊，意见不能统一，＿＿＿＿＿＿＿＿，＿＿＿＿＿＿＿＿，只好各走各的。（而）

六 选择填空

1. 古代人对养鸟有不同意见，＿＿＿＿＿＿＿＿＿＿＿＿＿。

   A. 出于主要是热爱大自然
   B. 主要是从热爱大自然出发的
   C. 主要出于是热爱大自然
   D. 主要是出发于热爱大自然

2. 大家都在批评捕鸟的行为，＿＿＿＿＿＿＿＿＿＿＿＿＿？

   A. 可是难道这种行为无关养鸟吗
   B. 可是怪不得这种行为与养鸟无关吗
   C. 可是这种行为难道无关养鸟吗
   D. 可是难道这种行为与养鸟无关吗

3. 这门课的成绩＿＿＿＿＿＿＿，我看你还是好好复习复习吧。

   A. 跟能不能毕业有涉及
   B. 涉及了你能不能毕业
   C. 涉及到你能不能毕业
   D. 涉及到你能不能毕业有关系

4. 我觉得你还是别去找他了，找他＿＿＿＿＿＿＿＿＿＿。

   A. 既帮不了你，又会给你找麻烦
   B. 虽然帮不了你，却会给你找麻烦
   C. 一边帮不了你，一边会给你找麻烦
   D. 不但帮不了你，而且会给你找麻烦

5. 既然大家都同意了，_____。

   A. 那就靠你说的来做吧

   B. 那就据你说的做吧

   C. 那就按你说的来做吧

   D. 那就拿你说的来做吧

6. 他愿意帮助我，_____。

   A. 并不是因为他喜欢帮助别人，却是因为这件事跟他有关

   B. 却不是因为他喜欢帮助别人，则是因为这件事跟他有关

   C. 并不是因为他喜欢帮助别人，而是因为这件事跟他有关

   D. 并不是因为他喜欢帮助别人，但是因为这件事跟他有关

七 连句成段

1. A. 某一公司可能靠广告宣传激起购买需求来维持足够的订货量

   B. 比如说，有时候一些过分热心的经销人员预订了订货单并且承诺了公司不能做到的交货时间表

   C. 那样，他们就要去说服顾客，推迟交货期

   D. 这种情况对公司的生存和产品的竞争力都会带来潜在的危险

   E. 然而最终能够让顾客满意的，只能是产品质量和按时交货

   _____

2. A. 但即使是相对的概念，在中产阶层里面也存在富人和穷人的差别，包括物质上的与精神上的

   B. 只好忽略娱乐、家庭等涉及"精神富有"的因素

   C. 他们几乎没有休息的时间，周末也得上班，生活特别辛苦

   D. 据说，日本社会享受着相对的社会稳定，中产阶层比较广泛

   E. 与其他国家一样，日本收入最高的人一般都得非常勤奋地工作

   _____

3. A. 影响一个人职业兴趣发展的天赋和性格在大学之前就是可知的

   B. 我们建议大学生在入学时就开始进行这种测评和规划

   C. 职业测评和规划可以发现这种天赋和性格，帮助选择专业，减少职业发展弯路，使未来的工作更容易获得满足感

   D. 从大学一年级起就思考自己这个专业未来的发展，自己可能到哪些行业和企业去，自己是否喜欢未来的这个职业，清楚地知道自己应该掌握哪些知识和能力

   E. 而不是简单地根据教学安排和教材开始自己的大学学习和生活

八 根据课文内容回答问题

1. 作者为什么觉得把养鸟和爱鸟联系起来有点儿别扭？
2. 养鸟和捕鸟有什么关系？
3. 人和动物间的竞赛，在古代和现代有什么不同？
4. 为什么说西方狩猎者在客观上帮助了自然保护？
5. 彼得·斯科特是怎样成为一个爱鸟者的？
6. 什么是对动物真正的爱？

九 课堂讨论

1. 我们为什么要爱护野生动物？
2. 环境保护与经济发展，是不是矛盾的？
3. 在日常生活中，我们可以为环保做些什么？

十 应用练习

1. 你见过遛鸟的人吗？向他们打听一下他们养鸟的原因。
2. 了解一下周围人对养宠物的看法。

扩展阅读

（一）自然之友

"中国环境问题的根本在于中国的人口和它的环境容量以及自然资源的比例失调。现在的全国人均耕地不到一亩一分地，而联合国粮农组织规定的耕地警戒线是人均三亩。全国的人均水占有量仅为世界人均量的四分之一。中国的环境怎么可能不恶化！"年过七旬的梁从诫谈起环境危机非常痛心。

成立于一九九四年的"自然之友"主要开展环保教育工作，其中一个主要项目就是到农村去传播环保观念，特别是针对农村的孩子。梁老解释说："告诉农村的孩子，这块土地是你们的家园，你们不保护它，没有人会替你们保护，并由此激发全民的环境意识。每个人都作一点儿贡献，环境的状况可能会有所好转，否则人们都只说不做，这样是没有希望的。"

"自然之友"与希望小学建立联系，成立十年间足迹遍布两百多个县，去了一千多所希望小学，用非常形象的游戏方式将环境保护的道理灌输给孩子们。梁从诫也不顾高龄亲赴贫困的张北地区和新疆喀什地区。

说起那些可爱的孩子，梁从诫不禁浮现出笑容，他说："这些孩子们将来长大了，或许会当上村长，我们希望他们在决定村里建工厂之类的事情时，能够想起某年某月有一群城里来的叔叔阿姨曾经告诉他环境保护的重要。只要他们能够想起，我们就很满足了。我们是在播种'绿色'的希望。"

（原作：张量）

词语:

- 失调 shītiáo — lose balance; imbalance
- 警戒线 jǐngjièxiàn — warning line
- 旬 xún — a period of ten years in a person's age (applied only to old persons)
- 传播 chuánbō — propagate
- 激发 jīfā — arouse
- 灌输 guànshū — instill into

阅读后回答问题

1. 中国环境的根本问题是什么？
2. "自然之友"是个什么样的组织？
3. 他们希望告诉孩子们什么？

（二）唐锡阳：跋涉在绿色之路

拜访74岁的唐锡阳时，他正在电脑前手握鼠标，编辑自己即将出版的新书。这本名为《错！错！错！》的新书，将是这位环保作家潜心写作数年后，向读者捧出的又一心血结晶。

自50岁创办并主编《大自然》杂志至今，在绿色之路上，唐锡阳已经整整走了24年。

与马霞同行

1982年，在西双版纳考察时，唐锡阳遇到了来这里观鸟的美国文教专家马霞。5年后，马霞成为唐锡阳的妻子。

实际上，他们有着太多的差异——语言不同，国籍不同，生活水平不同，文化不同。"能够把我们连在一起的只有一条，我们都热爱大自然。"

共同的理想使他们结合在一起，开始了为保护自然共同奋斗的生活。他们一同考察了亚洲、欧洲、美洲的50多个国家公园和自然保护区，于1993年出版了《环球绿色行》一书。唐锡阳说："《环球绿色行》不是写出来的，是'走'出来的！"

1996年，唐锡阳和马霞发起了中国大学生绿色营活动。第一届绿色营准备远征云南西北原始森林，但在筹划过程中，马霞病倒了。诊断的结果是：食道癌晚期。

1996年7月25日早晨6点40分，马霞逝世。这一天，正是绿色营出发的日子。带着马霞的叮嘱和祝福，唐锡阳和绿色营成员强忍悲痛，踏上了去往白马雪山保护区的征程。

能够告慰马霞的是，他们在云南德钦县开展了一个多月的调查，并通过社会各界的帮助，最终保住了这片原始森林和林中的滇金丝猴。

"大自然和妻子马霞，对我这一生的影响最大。我还能挺起腰板为中国的绿色事业做点儿事，这主要得益于大自然和马霞给我的影响。"唐锡阳动情地说。

跋涉　báshè　trek; trudge

潜心　qiánxīn　devote oneself to sth.

结晶　jiéjīng　crystallization

筹划　chóuhuà　plan and prepare

诊断　zhěnduàn　diagnose

食道癌　shídào'ái　esophagus cancer

叮嘱　dīngzhǔ　urge again and again

滇　Diān　another name for Yunnan Province

腰板　yāobǎn　back

播撒　bōsǎ　seed

踊跃　yǒngyuè
　　　eagerly; enthusiastically

对策　duìcè
　　　the way to deal with a situation

困扰　kùnrǎo
　　　perplex; puzzle

基金会　jījīnhuì
　　　　foundation

摇篮　yáolán　cradle

播撒绿色种子

自1996年至今，大学生绿色营已经举办了7届，成为热爱自然、关注环保、热心环保事业的大学生踊跃参与的一项民间环保活动。

绿色营每年组织一次，先后到过滇西北原始森林、西藏东南地区、新疆北疆哈纳斯国家级自然保护区、南疆塔克拉玛干、天山等地。每次选择一个环保热点，在科学考察和社会调查的基础上，向有关政府决策机构提供建议和对策。

经费紧张一直是困扰唐锡阳的一个难题，他先后拿出数万元投入到大学生绿色营的活动中。幸运的是，大学生绿色营逐渐得到自然之友、香港长春社、世界爱护动物基金会、世界自然基金会等国际环保组织的关注和支持。2002年，他还代表大学生绿色营获得了福特汽车环保奖，奖金是15万元。唐锡阳欣喜不已，"这笔钱够大学生绿色营开展3年活动用了。"

对历届总计200多名营员来说，参与大学生绿色营活动是一次难得的人生体验。绿色营播撒下了绿色的种子，成了绿色人才的摇篮，不少营员后来成为环保组织的骨干，例如北京藏羚羊信息中心项目主管胡佳、国际爱护动物基金会中国代表张立、"自然之友"的郝冰、绿色和平组织的赖芸、须黎军等等。

近年来，唐锡阳还在北京、昆明、厦门、广州等地作过近百场报告，为环保事业鼓与呼。

（原作：刘毅）

阅读后判断正误（正确的画"√"，错误的画"×"）

（　　）1. 马霞参与筹划了第一届大学生绿色营活动。

（　　）2. 唐锡阳和马霞都没有参加第一届绿色营。

（　　）3. 每年有200多人参加大学生绿色营活动。

2 学会放手

课文导入

一　听短文（第一遍）回答问题

1. 作者跟儿子之间为什么常常爆发战争？
2. 儿子是怎么开始他的独立生活的？

二　听短文（第二遍）填空

　　儿子大学毕业了。工作以后，他_____总是很晚才回家，我经常在深夜的客厅里，等着他回来，我们俩之间的战争也就不可_____地爆发了。我希望他能早一点儿回家，而他总是_____自己已经长大了，应该有自己的生活。

　　一天晚上，从来不会向我们_____感情的儿子突然来到我的房间。他再三强调他在单位受到的_____，并感谢我们这么多年对他的_____。第二天他还写了一封电子邮件给我。儿子的反常_____让我和先生觉得很奇怪，不知道他打算干什么。_____了一段时间后，我们才发现，儿子在家里的时间越来越少，并且他把他的东西一点点地都带走了。等我们明白了，他的_____生活已经成为事实。儿子长大了，总得独立生活，我不得不_____这个事实。而放手对我来说，却实在是很难的一件事。

三　讨论

　　在你的国家，子女们一般什么时候开始自己独立生活？你在这方面与父母有没有过矛盾？

19

课文　　　　　　　学会放手

半夜一点左右，在书房里听音乐的儿子，忽然走进来，在我对面的沙发上坐下，认真地对我说："很久都没跟您聊天了，我们聊聊吧。"

我看他情绪不错，便取下眼镜，放下手上的书："聊什么呢？"

"什么都行啊。刚刚听了一会儿音乐，不想马上去睡觉。"儿子问起我和他爸爸最近的情况，也大概说了说他的工作，并得意地再三强调他在公司里受到的重视。忽然，他很少有地以充满感情的语气对我说："今天，我如果有一点儿成绩，都得感谢你们。如果不是你们的培养，我怎么能在事业上这么顺利呢？平时我从来没说过，但是，心里真的很感谢爸爸妈妈。"

我感觉有些不好意思，只是不停地说："我知道，我知道。"

儿子拉了一把小椅子，坐到我面前，拉起我的手，眼里闪着泪光，坚持说："你不知道，妈，我的人生如果像一颗洋葱，从外边一层一层地剥，剥掉的可能先后是娱乐、朋友、工作、女友……剥呀剥，留下来的最重要的就剩下你们了。"

说完，他把头埋在我的膝盖上。等抬起头来时，居然满是泪水。说实话，我被他大大吓了一跳。儿子一向跟我没大没小的，现在的样子，实在太反常了。

儿子不理我，只管接下去说："射手座的人，不会轻易说出心里的话，今天终于说出来了，感觉真的很轻松。妈，不管发生什么事，你一定要记得，我有多么爱你们。"

学会放手 2

1 放手　fàngshǒu　（动）　let go　比喻解除顾虑或限制。

2 再三　zàisān　（副）　again and again　一次又一次。再三+<动词>。
他走的时候再三对我表示感谢。
老师再三要求我们上课不要迟到。

3 培养　péiyǎng　（动）　train; cultivate　按一定的目的长期教育和训练，使其成长。
培养人才；努力培养

4 真的　zhēnde　（形）　real　确实。

5 泪光　lèiguāng　（名）　tears in one's eyes　眼中泪水的闪光。

6 洋葱　yángcōng　（名）　onion　一种蔬菜。

7 娱乐　yúlè　（动）　entertain　使人快乐。（名）　amusement; recreation　快乐有趣的活动。

8 女友　nǚyǒu　（名）　girlfriend　女朋友。

9 膝盖　xīgài　（名）　knee　大腿和小腿相连的关节的前部。

10 居然　jūrán　（副）　unexpectedly　表示出乎意料。
他居然忘了考试。
他的力气居然这么大。

11 泪水　lèishuǐ　（名）　tears　眼泪。

12 吓一跳　xià yí tiào　frighten　使害怕。
他的样子，让我吓一跳。
你什么时候进来的？吓了我一跳。

13 一向　yíxiàng　（副）　always　表示从过去到现在。一向+<动、形>。
他的作品一向最受年轻人的喜爱。
这个季节香山一向是人山人海。

14 没大没小　méi dà méi xiǎo　show no respect for one's elders　指不分长幼，不尊礼法。
不能这样跟阿姨说话，没大没小的。

15 反常　fǎncháng　（形）　abnormal　不正常。

16 只管　zhǐguǎn　（副）
(1) by all means　尽管。
有什么事你只管告诉我，我一定会帮你的。
(2) just; merely　只顾。
他不理我，只管坐在那儿看电视。

17 射手座　Shèshǒu Zuò　（专名）　Sagittarius　星座之一。

那夜，一直到凌晨三点多，我再三保证了解他的爱后，儿子才依依不舍地放我去睡觉。我心里有些激动，更多的却是不安：这孩子到底发生了什么事？

中午打开电脑，一封充满感情的电子邮件出现在眼前。"昨晚跟妈妈聊天很开心。以前，有好多次，感谢的话已经到了嘴边，却又一下子溜了回去；昨晚，25年来没讲的话一下子都讲出来了。25岁是个尴尬而且矛盾的年龄，我正感受着这种尴尬与矛盾。你的担心，我知道。妈妈，别担心，我爱你。你们把我生得太出色了，谢谢！希望我依旧是你们的宝贝儿子。"

到底是为什么呢？我们夫妻二人想来想去，也想不出是怎么回事，于是开始小心地观察他的一举一动，害怕出了什么问题。可是，日子一天天过去，好像也没什么具体的变化，紧张的心放了下来。直到一个半月后的一天晚上，我和先生突然想起儿子竟然在外边住了好几天，一直没有回家。两个人一琢磨，这才明白过来。原来那一晚他是为搬出去独立生活作准备，怕我一下子接受不了，所以，先给我打预防针来了。

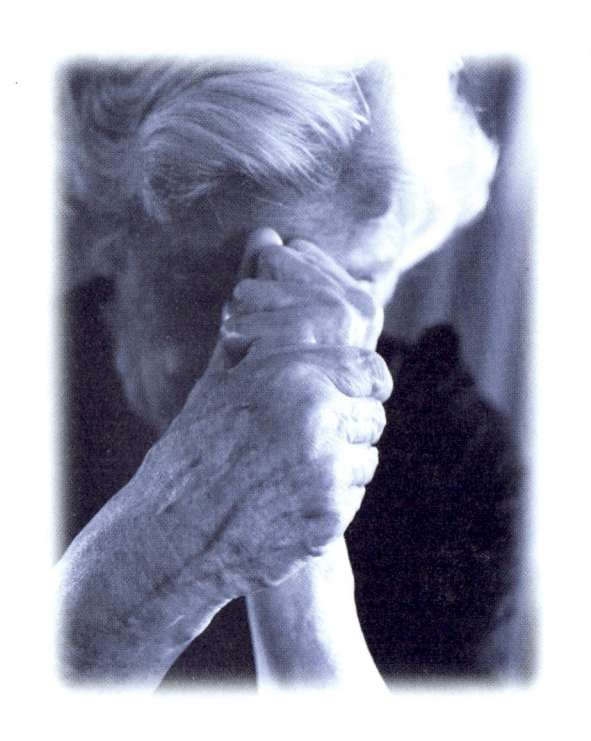

"可是，他把自己看得太重要了吧？我巴不得他赶紧搬出去呢！"

我一边故意轻松地开着儿子的玩笑，一边不由得想起三年来的种种奋战。自从儿子开始工作，周末的晚上经常很晚回家，我便患了严重的焦虑症。每过一段时间，我就会在深夜的客厅里，对着晚归的儿子大叫："你难道就不能可怜可怜我，改变一下生活状态吗？不然，请你赶紧搬出去住吧。再这

| 18 | 凌晨 | língchén | （名） | before dawn | 天快亮的时候。 |

| 19 | 依依不舍 | yīyī bù shě | （成语） | be reluctant to part; cannot bear to part | 形容舍不得离开。 |

晚会结束了，大家依依不舍地互相道别。

我依依不舍地离开了这座城市。

| 20 | 电子邮件 | diànzǐ yóujiàn | | e-mail | 通过互联网传送的信。 |

接收电子邮件；发送电子邮件

| 21 | 溜 | liū | （动） | slip away | 在别人不注意的时候悄悄走开。 |

他偷偷溜走了。

时间一分钟一分钟地溜走。

| 22 | 尴尬 | gāngà | （形） | embarrassed | 处于两难的境地，不好处理。 |

| 23 | 出色 | chūsè | （形） | outstanding | 杰出的；优秀的。 |

| 24 | 宝贝 | bǎobèi | （名） | baby | 心爱的人或有价值的东西。 |

| 25 | 一举一动 | yì jǔ yí dòng | （成语） | any move; any action | 每一个动作。 |

他的一举一动都会引起大家的注意。

| 26 | 具体 | jùtǐ | （形） | concrete | 不抽象。 |

具体想法；具体内容

| 27 | 琢磨 | zuómo | （动） | consider | （口语）考虑。 |

这件事我再琢磨琢磨。

| 28 | 预防针 | yùfángzhēn | （名） | inoculation | 预防某种传染病的针剂。 |

| 29 | 巴不得 | bābude | （动） | eagerly look forward to; earnestly wish; be only too anxious to | 非常希望。 |

我巴不得他赶紧走呢。

他说他不想见你，其实他心里巴不得你赶紧来呢。

| 30 | 奋战 | fènzhàn | （动） | fight bravely | 奋勇战斗。 |

| 31 | 患 | huàn | （动） | contract; suffer from | 得病。 |

患病；患者

| 32 | 焦虑症 | jiāolǜzhèng | （名） | anxiety disorder | 一种以持续性焦虑或反复发作的惊恐不安为主要特征的神经症。 |

| 33 | 客厅 | kètīng | （名） | living room | 用于接待客人的房间。 |

| 34 | 归 | guī | （动） | return; come | 回来。 |

样下去，迟早你们要到精神病院去找我。"

那段日子，我的神经紧张极了。儿子总劝我去看心理医生，坚持说一个二十来岁的男人过自己想过的生活是很自然的事。我们反复辩论，直到双方都累得靠在墙角，筋疲力尽，一句话也不想再说。

就这样过了三年，他终于去实现自己的想法了。

我坐下来，一点点回想那晚他跟我谈话后的这一个半月。那次谈话以后，他小心地逐渐增加不回家的频率，并且把衣服一件一件带走，然后，在我不知不觉中，独立生活已经成为事实。一向粗心大意的儿子在这件事上却细心体贴，想起来真是让我感动。看来，我必须接受儿子已经长大的事实。然而，放开手是多么难啊！

"家里有剩菜吗？我可以回家吃晚饭吗？"后来，儿子有时间时会在下班的路上打电话问我。

"当然有啦，赶快回来！"

放下电话，先生和我不约而同地从椅子上跳起来，急忙冲进一点儿剩菜都没有的厨房，紧张地忙起来。因为放手真的很难，所以，我们用热腾腾的饭菜迎接儿子独立后的每一次归来，让每一次的牵手，掌心里都仍然留着前一次的温暖。

（原作：廖玉蕙）

学会放手 2

35 迟早　chízǎo　（副）　early or late　或早或晚；早晚。
他迟早会理解你的。
别着急，他迟早会来找你的。

36 精神病　jīngshénbìng　（名）　psychopathy　精神失常的病。

37 神经　shénjīng　（名）　nerve　把中枢神经系统的兴奋传递给各个器官，或把各个器官的兴奋传递给中枢神经系统的组织。

38 心理　xīnlǐ　（名）　psychology　客观事物在脑中的反应。

39 来　lái　（助）　used after "十""百""千" to indicate an approximate number　用在"十、百、千"等数词或数量词后边表示大概的数字。
我大概回家住十来天，然后就回北京。
行李大概有四十来公斤，我一个人拿不了。

40 反复　fǎnfù
（副）　again and again　一遍又一遍；多次重复。
他反复说明自己并不是这方面的专家。
经过反复练习，她终于能够熟练地做出这个动作了。
（名）　reversal　重复的情况。
他现在还不能出院，他的病情还会有反复。

41 辩论　biànlùn　（动）　argue　辩解争论。

42 双方　shuāngfāng　（名）　both sides　在某事上相对的两方面。

43 墙角　qiángjiǎo　（名）　corner of a wall　相邻墙壁的交角。

44 筋疲力尽　jīn pí lì jìn　（成语）　be exhausted　形容精神和身体极度疲劳。
每天下班回家，我都是筋疲力尽，哪儿有力气做饭啊。

45 回想　huíxiǎng　（动）　recall　想（过去的事）。

46 频率　pínlǜ　（名）　frequency　在单位时间内完成的次数。

47 粗心大意　cūxīn dàyì　（成语）　careless　比喻做事时考虑不周全，轻率。
他这个人做事情总是粗心大意。

48 归来　guīlái　（动）　return; come　回来。

49 牵　qiān　（动）　lead along　拉。

50 掌心　zhǎngxīn　（名）　centre of the palm　手心。

25

跨越篇·第一册

练习

一 朗读

1. 朗读下面的词语

我看他情绪不错　　　大概说了说他的工作　　在事业上这么顺利
不会轻易说出心里的话　　心里有些激动　　　　一封充满感情的电子邮件
尴尬而且矛盾的年龄　　观察他的一举一动　　　巴不得他赶紧搬出去
劝我去看心理医生　　独立生活已经成为事实　　不约而同地从椅子上跳起来

2. 朗读下面的句子，注意停顿和语调

(1) 在书房里听音乐的儿子，忽然走进来。
(2) 他得意地再三强调他在公司里受到的重视。
(3) 儿子一向跟我没大没小的，现在的样子，实在太反常了。
(4) 不管发生什么事，你一定要记得，我有多么爱你们。
(5) 我再三保证了解他的爱后，儿子才依依不舍地放我去睡觉。
(6) 有好多次，感谢的话已经到了嘴边，却又一下子溜了回去。
(7) 我一边故意轻松地开着儿子的玩笑，一边不由得想起三年来的种种奋战。
(8) 你难道就不能可怜可怜我，改变一下生活状态吗？
(9) 我们反复辩论，直到双方都累得靠在墙角，筋疲力尽，一句话也不想再说。
(10) 一向粗心大意的儿子在这件事上却细心体贴，想起来真是让我感动。

二 参考语素的注释和例句，理解新词语并选择填空

1. 居然

    [然]：表示这个词是形容词或副词 indicating the word is an adjective or adverb

    例：没想到，我在北京居然见到了他。

显然／欣然／漠然

(1) 房间里有一层厚厚的土，_____ 已经很久没有人来过了。
(2) 别人有困难的时候，他肯定不会_____ 地看着，一定会热情地帮助对方。
(3) 我邀请他来家里吃晚饭，他_____ 接受了。

2. 了解

    [解]：明白；解释，使人明白　understand; explain

    例：我了解了一下，最近的菜价又上涨了。

理解／误解／注解

(1) 你_____他了，他是想帮助你，你不该怪他。

(2) 这个词应该加上一个_____，这样更清楚一点儿。

(3) 我一直不能真正_____他那次谈话的意思。

3. 辩论

    [论]：分析和说明事理　discuss

    例：这个问题他们一直在辩论，但谁都说服不了谁。

争论／讨论／论述

(1) 这篇文章对农业的重要性进行了_____。

(2) 这个计划我觉得挺好的，大家再_____一下，如果都同意，我们就这么办。

(3) 他们俩_____了半天，谁都不肯听谁的。

4. 频率

    [率]：两个相关的数字在一定条件下的比值　rate

    例：他小心地增加着不回家的频率，为自己生活上的完全独立创造条件。

效率／利率／及格率

(1) 期末考试我们班同学的成绩都很好，_____是100%，大家都通过了。

(2) 现在银行的_____不高，很多人把钱用来买股票。

(3) 吃完午饭我得睡会儿觉，不然的话下午的工作_____不高。

三 辨析近义词，并用括号中的词语完成句子

1. 再三　不断

"再三"是一次又一次地重复；"不断"则是连续不停的。

例：经过再三讨论，他们俩终于有了一个一致的意见。

我一定要努力学习，不断提高自己的汉语水平。

(1) A：这件事情你最后决定怎么处理？

B：＿＿＿＿＿＿＿，我还是决定把这件事向董事会报告。（再三）

(2) A：现在的好多东西跟我们以前都不一样了，我都看不懂了。

B：是啊，知识总是在变化，＿＿＿＿＿＿＿＿。（不断）

2. 培养　教育

"培养"的意思是提供适宜的条件促使对象发生、成长；"教育"的意思是教导启发，使明白道理，如"教育孩子努力学习"。

例：学习音乐，可以培养孩子对美的感觉。

中国的大学教育一部分由民办大学承担。

(1) A：独生子女的一个问题就是这些孩子缺少爱心，只顾自己。

B：＿＿＿＿＿，让他们爱周围的人，爱大自然，爱这个世界。（培养）

(2) A：答应了孩子的事就应该做到。

B：是啊，＿＿＿＿＿＿＿＿＿，自己首先应该做到。（教育）

3. 一向　一直

"一向"指从过去到现在；"一直"可以表示在某个时间段里边没有间断或没有改变，这个时间段可长可短。

例：他这个人一向坚强，这次儿子去世，却使他一病不起。

我来的时候就看到他了，他一直在那儿站着，已经很久了。

(1) A：都八点了，老王怎么还没来？

B：是啊，他＿＿＿＿＿＿＿＿，今天是怎么了？（一向）

(2) A：老王来了吗？

B：他下午就来了，＿＿＿＿＿＿＿＿＿。（一直）

4. 只管　尽管

"只管"和"尽管"都可以表示让对方不用考虑别的，放心地去做某件事。"只管"还有"只顾"的意思，就是某人只关心做这件事，没有注意或没有想到别的。

例：你有什么事尽管（只管）打电话，我一定会帮你。

我只管看书了，没注意他拿走了什么。

(1) A：老师，我……

B：嗯？小明，你怎么了？_____。（尽管/只管）

(2) A：老李，快来帮我一下，这箱子太重了。

B：哟，对不起，对不起，_____，没注意到你。（只管）

四 根据例句，用指定词语完成句子

1. 没大没小

例：这孩子老是没大没小的，见着我连"阿姨"都不叫。

A：阿姨，你以后别来我家了，我不喜欢你。

B：小明，_____，快跟阿姨道歉！

2. 依依不舍

例：他依依不舍地看了一眼送他的朋友们，转身上了飞机。

A：老李，听说你要去海南工作了？

B：是啊，在北京工作了十几年，现在要走了，_____。

3. 一举一动

例：他最近情绪不太好，我们很担心，于是开始时刻注意他的一举一动。

A：现在明星真是太难做了，什么事都会在电视里报道。

B：_____，所以他们生活得未必快乐。

4. 筋疲力尽

例：每天上十几个小时的班，到下班时已经筋疲力尽了，哪还有力气做饭啊。

A：昨天晚上看电视了吗？中国队和韩国队的比赛。

B：没有，昨天陪老婆逛街，_____。

5. 粗心大意

    例：平时总是**粗心大意**的，手机到处放，不丢才怪。

    A：这孩子挺聪明的，就是考试总考不好。

    B：他呀，不是不懂，＿＿＿＿＿＿＿＿＿＿＿＿。

五 用括号里的词语完成对话

1. A：听说你家小李去留学了？

   B：是啊，昨天把他送走了。

   A：你不是一直反对他去留学吗？

   B：我本来是不想让他去，＿＿＿＿＿＿＿＿＿＿＿＿。（再三）

2. A：昨天我在新闻里看到张清办画展的消息了。

   B：我也看到了。

   A：他小时候最不喜欢画画儿了。

   B：是啊，＿＿＿＿＿＿＿＿＿＿＿＿。（居然）

3. A：今天晚上的聚会，你通知小李了吗？

   B：通知了，可是他说他晚上不能来。

   A：这个小李，又不来参加。

   B：是啊，＿＿＿＿＿＿＿＿＿＿＿＿。（一向）

4. A：小杰，跟阿姨说说，这次考试成绩怎么样？

   B：我不告诉你。

   A：小杰，＿＿＿＿＿＿＿＿＿＿＿＿。（没大没小）

5. A：小明啊，你晚上大概几点回来？

   B：妈妈，我下班后要去见一个客户，谈谈合作的事情。

   A：那我们等你回来吃饭吗？

   B：不用了，＿＿＿＿＿＿＿＿＿，我还不知道什么时候能回来呢。（只管）

6. A：真希望能晚一点儿再考试，这么多生词，我怎么记得住啊？

   B：别急啊，车到山前必有路嘛。

   A：你自己就一点儿都不着急？

   B：＿＿＿＿＿＿＿＿＿＿＿＿，考完试就可以回国了。（巴不得）

7. A：玛丽又怎么了？一脸不高兴的样子。

　　B：她又跟男朋友吵架了，最近他们俩动不动就吵架。

　　A：这两个人，一见面就吵，将来可怎么办啊？

　　B：＿＿＿＿＿＿＿＿＿＿＿＿＿＿＿＿＿＿＿＿。（迟早）

8. A：你们的设计方案搞出来没有啊？

　　B：老板，我们还需要再修改一下，我会尽快完成的。

　　A：＿＿＿＿＿＿＿＿＿＿＿＿＿＿＿＿，但是下个星期必须得交上来。（反复）

　　B：我们一定会按时交给您的。

9. A：小张啊，那份合同怎么还没有签呢？谈判进行得不顺利？

　　B：价格上还是没有达成一致。

　　A：哦，那就再谈谈，＿＿＿＿＿＿＿＿＿＿＿＿＿＿＿＿＿＿。（双方）

六　选择填空

1. 他告诉我这次比赛的情况，并＿＿＿＿＿＿＿＿被电视台采访的事情。

    A. 反复地得意强调

    B. 得意反复地强调

    C. 反复得意地强调

    D. 得意地反复强调

2. 他＿＿＿＿＿＿＿＿＿＿给妈妈写了一封信。

    A. 很少有地以充满感情的语气

    B. 很少有地充满以感情的语气

    C. 按充满感情的语气很少有地

    D. 很少有地按充满感情的语气

3. 教育部长在新闻发布会上说，国家＿＿＿＿＿＿＿一个大学生至少需要 4~5 万元。

    A. 养成

    B. 造成

    C. 养育

    D. 培养

4. 让我帮他？他给我惹了这么多麻烦，我_____狠狠揍他一顿！

   A. 巴不得

   B. 怨不得

   C. 恨不得

   D. 怪不得

5. 我_____没有问过他的个人生活，我觉得这些是他自己的事情，跟我没关系。

   A. 一向

   B. 历来

   C. 从来

   D. 早晚

6. 这两年我_____忙自己的工作了，家里的事什么也没管过。

   A. 尽管

   B. 不管

   C. 只管

   D. 只有

七 连句成段

1. A. 于是孩子们的童装也浓缩了成年人的流行款式

   B. 童装成人化是近几年的流行趋势

   C. 父母们不愿让自己的孩子落伍

   D. 在自己追赶时尚的同时

   E. 也不忘记给孩子买最时髦的衣服

   _____

2. A. 今年的MBA学费几乎比去年涨了近一倍，北大涨到5.4万元，清华、复旦也高达5万元

   B. 巨大的市场、高额的学费，让不少人认为在MBA上有利可图，不少国外商学院也开始抢占商机

C. 几年前曾有笑话：大街上随便向两个人要名片，其中肯定有一张挂着经理的头衔；而现在这个笑话已经变成"肯定有一张印着 MBA 头衔"

D. 在这些培训班中，相当一部分只需要交纳一笔学费，不费吹灰之力就能得到一张国际 MBA 证书

E. 于是各种 MBA 培训班开始在不同的媒体上大做广告

_____

3. A. 潘妮·帕特森博士投入多年心血，希望证明动物虽没有说话的发声器官，但同样具备语言能力

B. 于是，她与大猩猩可可开始了一项实验

C. 如果说话是我们特有的能力，这是否表明，只有人类拥有语言呢

D. 她知道可可不可能开口说话，因此选择了美国手语

E. 这些年来，可可不断成长，词汇量也不断增加；如今，它能认识一千个手语动作，听懂两千个口语单词

_____

八 根据课文内容回答问题

1. 儿子为什么突然要找作者聊聊？
2. 儿子找作者谈了些什么？
3. 夫妻俩为什么观察儿子的一举一动？
4. 作者为什么患上了严重的焦虑症？
5. 作者为什么感动？
6. 儿子打电话说要回家时，父母有什么表现？

九 课堂讨论

1. 你和父母间发生过矛盾吗？为什么？
2. 谈一谈你第一次离开家时心里的感受。
3. 在你的国家，孩子长大后和父母的关系是怎么样的？

十 应用练习

了解一下中国大学生和父母的关系，并比较你们国家和中国的情况。

扩展阅读

（一）傅雷家书

亲爱的孩子：

很高兴知道你有了一个女友，也高兴你现在就告诉我们，让我们有机会多指导你。对恋爱的经验和文学艺术的研究，朋友中数十年悲欢离合的事迹和平时的观察思考，使我们在儿女的终身大事上能比别的父母更有参加意见的条件，帮助你过这一人生的大关。

首先，态度和心情都尽可能的冷静，否则观察不会准确。初期交往容易感情冲动，单凭印象，只看见对方的优点，看不出缺点，便是与同性朋友相交也不免如此，对异性更是常有的事。感情激动时期不仅会耳不聪，目不明，看不清对方；自己也会无意识地只表现好的一方面，把缺点隐藏起来。保持冷静还有一个好处，就是不至于为了谈恋爱而荒废正业，或是影响功课，或是浪费时间，或是损害健康，或是遇到或大或小的波折时扰乱心情。

所谓冷静，不但表面的行动，尤其内心和思想都要做到这点，这很难。人总是人，感情上来，不容易控制，年轻人没恋爱经验更难保持身心的平衡。同时与各人的气质有关。我生平总不能临事沉着，极易激动，这是我的大缺点。幸而事后还能客观分析，周密思考，才不致使当场的意气继续发展，闹得不可收拾。我告诉你这一点，让你知道如临时不能克制，过后必须由理智来控制大局；该纠正的就纠正，该向人道歉的就道歉。总而言之，以上两点归纳起来就是：感情必须由理智控制。要做到，必须下一番苦功在实际生活中长期锻炼。

我一生从来不曾有过"恋爱至上"的看法。"真理至上"、"道德至上"、"正义至上"，这种种都应当做立身的原则。恋爱不论在如何狂热的高潮阶段也不能侵犯这些原则。朋友也好，爱人也好，一遇到重大关头，与真理、道德、正义等有关的问题，决不能让步。

其次，人是最复杂的动物，观察决不可简单化，而要耐心、细致、深入，经过相当的时间、各种不同的事故和场合。处处要

悲欢离合
bēi huān lí hé
vicissitudes of life

否则　fǒuzé
otherwise; if not; or else

隐藏　yǐncáng
hide; conceal

荒废　huāngfèi
neglect; be out of practice

波折　bōzhé
twists and turns

克制　kèzhì
restrain; exercise restraint

狂热　kuángrè
fanatic

把客观精神和大慈大悲的同情心结合起来。对方的优点,要认清是不是真实可靠的,是不是你自己想象出来的,或者是夸大的。对方的缺点,要分出是不是与本质有关。与本质有关的缺点,不能因为其他次要的优点多而加以忽视。次要的缺点也得辨别是否能改,是否发展下去会影响品性或日常生活。人人都有缺点,谈恋爱的男女双方都是如此。问题不在于找一个全无缺点的对象,而是要找一个双方缺点都能各自认识,各自承认,愿意逐渐改,同时能彼此容忍的伴侣。(此点很重要。有些缺点双方都能容忍;有些则不能容忍,日子一久即造成裂痕。)最好双方尽量自然,不要做作,各人都拿出真面目来,优缺点一齐让对方看到。必须彼此看到了优点,也看到了缺点,觉得都可以相忍相让,不会影响大局的时候,才谈得上进一步的了解;否则只能做一个普通的朋友。可是要完全看出彼此的优缺点,需要相当时间,也需要各种大大小小的事故来考验;绝对急不来!更不能轻易下结论(不论是好的结论或坏的结论)!唯有极坦白,才能暴露自己;而暴露自己的缺点总是越早越好,越晚越糟!为了求恋爱成功而尽量隐藏自己的缺点的人其实是愚蠢的。当然,在恋爱中不自觉地表现出自己的光明面,不知不觉隐藏自己的缺点,那是另一回事。因为这是人的本能,而且也证明爱情能促使我们进步,往善与美的方向发展,正是爱情的伟大之处,也是古往今来的诗人歌颂爱情的主要原因……

事情主观上固盼望必成,客观方面仍须有万一不成的思想准备。为了避免失恋等痛苦,这一点"明智"我觉得一开头就应当充分掌握。

一切不能急,越是事关重要,越要心平气和,态度安详,从长考虑,细细观察,力求客观!感情冲上高峰很容易,无奈任何事物的高峰(或高潮)都只能维持一个短时间,要久而弥笃的维持长久的友谊可很难了。

除了优缺点,两人性格脾气是否相投也是重要因素。刚柔、软硬、缓急的差别要能相互适应调剂。还有许多表现在举动、态度、言笑、声音等方面说不出也数不清的小习惯,在男女之间也有很大作用,要弄清这些,就得冷眼旁观,慢慢咂摸。诗人常说爱情是盲目的,但不盲目的爱情毕竟更健全更可靠。人的雅俗和

容忍 róngrěn
condone; tolerate; put up with

裂痕 lièhén rift

唯 wéi only

愚蠢 yúchǔn
stupid; foolish; silly

弥 mí
more

笃 dǔ
sincere; earnest

咂摸 zāmo ponder

胸襟　xiōngjīn　mind

胸襟器量也是要非常注意的。

以上谈的全是笼笼统统的原则问题。

长相身材虽不是主要考虑点，但在一个爱美的人也不能过于忽视。

交友期间，尽量少送礼物、少花钱：一方面表明你的恋爱观念与物质关系极少牵连；另一方面也是考验对方。

（原作：傅雷）

阅读后判断正误（正确的画"√"，错误的画"×"）

（　）1. 与异性朋友交往要像与同性朋友交往一样冷静。

（　）2. 真理、道德、正义是比爱情更重要的原则。

（　）3. 作者不赞成在恋爱时尽量把美好的方面显示给对方。

（　）4. 作者劝儿子不要重视对方的长相。

（二）刘亚洲给儿子的一封信

胖胖：

我曾倚马万言，可给你写信，下笔有如千斤。下个月你就十四岁了，我从不知道十四岁也是人生的一个台阶。我和你妈妈都是十五岁参军的。你爷爷是十六岁参军的。学校是课堂，人生也是课堂。你在教室中学习，我们在生活中学习。世上没有两片相同的树叶，也没有相同的人生之旅。

坦率地讲，我是欣赏你的，一如欣赏一部作品。即使没有血缘关系，我仍会欣赏你，因为你身上有许多闪光的东西。你最大的特点是心地善良，这种善良是与生俱来的。人心如海，世事如焚，偏你心中是一片净土。你对大自然充满爱心，小时候在上海，你才四岁，见有人摘花，你气得跳脚。电视中有砍树的镜头，你对我说："树会疼！"你敬重一切生命，哪怕是微不足道的生命。家中有蛾子乱飞，我常拍打，你总说："它们也是生命。"小时候你看见一则报道：海洋动物锐减。从此你再也不吃海鲜，直至今日。你说："鱼我是能吃的，但不吃，保护海洋生物。"你是我们的孩子，我们哺育你，教导你，反过来也被你的行为所教导。某次考试，你一道题做错了，随意瞟到同桌的正确答案，但你偏不改，就这么交上去。宁阿姨说："你真笨！"那天我极累，有电话找，我对阿姨说："就说我不在。"随即我感到羞愧，这不是说谎吗？在这一点上，我甚至不如你。

你的另一个优点是具有平民思想。也许有人对此不以为然，但我珍视它。平民思想是现代化和现代政治最重要的灵魂。我们恰恰缺少平民思想，嘴上说平等，骨子里最不平等。自古一些人就如此：当别人强大时，用谄媚取悦对方；当自己强大时，用作践别人来取悦自己。我家是一个极平常的家，可你妈妈家却不同，你偏又在这个家庭中成长。你没住胡同但你最喜欢去的地方是胡同，若考胡同知识，你准夺标。你妈妈在北京生活了40年，还不如只生活了14年的你对胡同那么熟稔。每到星期日，我总带你穿梭于胡同间，对那些斑驳的大门、陈旧的院落、满是疮痍

的砖墙，你表现了多大的兴趣啊。你对家庭和附加于家庭上的东西无兴趣，你的兴趣在于今天哪儿破坏了文物，明天哪儿被污染。某次上街，一个叔叔把废纸掉在地上，你拾起来扔进垃圾桶。

十四过了，就奔十八；十八过了，就奔三十；三十过了，就如江河一泻千里。你就是你，你不是别人，先做自己，再做别人。

爸爸

（原作：刘亚洲）

阅读后回答问题

1. 儿子的人生之旅和父母的、爷爷的有什么不同？
2. 信中讲了儿子的几个优点？分别是什么？
3. 哪些事情说明儿子的善良？
4. 什么是平民思想？

3 说话的技巧

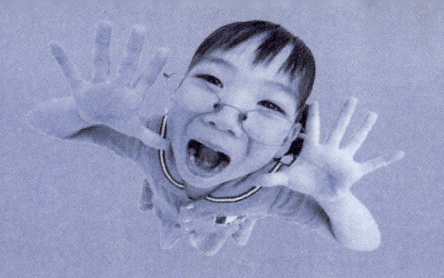

课文导入

一、听短文（第一遍）回答问题：

1. 人与人之间的差异是怎么形成的？
2. 消除人与人之间心理距离的最重要手段是什么？

二、听短文（第二遍）填空：

由于年龄、性别、职业以及_____爱好等方面的不同，人与人之间形成了_____的差异；加上今天社会生活的巨大差别，人们的工作_____不同，活动空间不同，生活经验不同，人与人之间在心理上也就_____存在一定的距离。语言是消除这种距离的最重要手段。同样的意思，使用不同的说法，会产生不同的_____。语言技巧运用得好，会使对方产生好感；而一句原本表示谦虚客气的话，如果说得不好，也有可能会使对方感到不快。说错了话，_____会使你丢掉一份不错的工作。那么怎样说话才对呢？最重要的就是，说话时_____为自己想，更要为对方想。说到好事的时候，把重点放在对方身上；发生问题的时候，先把_____放在自己身上。当你要表现自己的时候，务必要记住不要忘了别人。

三、讨论

你觉得说话时要注意什么？

课文　　　　说话的技巧

我有个学生出去打工，上班的第一天就被老板辞了，一脸不高兴地跑来向我诉苦："当我同意别人的看法时，总是说'对！对啊！'我已经说了二十年，对什么人都一样，从来没有人说我错。可是今天跟老板讨论问题，才说了几个'对'，他就冒起火来，冲我说：什么对不对！跟长辈说话，要说'是'！不要说'对'！"听了她的话，我顿时就愣了，心想：可不是吗？我也常对长辈说"对"，细细琢磨一下，真应该改成"是"呢！说不定很多长辈听到我说"对"的时候，心里也暗暗不开心呢。说话的学问真是太大了，有些话我们讲了半辈子，技术上有问题，自己却不知道，甚至得罪了人，自己还莫名其妙呢。

琳达不喜欢菲比，原因是什么呢？因为菲比到达这个城市的那天，请琳达去机场接她。琳达一见到菲比就问她："听说你的表哥就住在附近，为什么不找他来机场接你呢？"菲比说："因为他忙！"就是这句话让菲比得罪了琳达。琳达心想："哦！他忙，难道我就不忙？他的时间值钱，我的时间就不值钱？"从那时起，琳达就不大理菲比了。我想菲比是无心的，得罪了老同学，自己还不知道。但是你想想，如果当时她能回答："因为我跟你（琳达）的关系，比跟我表哥还好，巴不得一下飞机就能看到老同学！"不是要好得多吗？

国画家张大千讲过一个说错话的故事。当时他应邀到一位将军的家里做客，早就听说这个将军养了一只名犬，十分爱犬而早就想看看那只名犬的张

说话的技巧 3

1. 技巧　jìqiǎo　（名）technique　巧妙的技能。
2. 辞　cí　（动）dismiss　解雇。
   辞职；他把工作辞了；他被老板辞了
3. 诉苦　sùkǔ　（动）vent one's grievances　向别人诉说自己的苦处或苦难。
4. 愣　lèng　（动）be dumbfounded　发呆。
   听到这个消息，他愣住了。
5. 细　xì　（形）careful　详细。
   细想想，他说得还是很有道理的。
   买的时候没细看，回来才发现少了一个扣子。
6. 暗暗　àn'àn　（副）secretly　心情、想法不表现出来。
   听到这个消息，他心里暗暗着急。
   看到小李得意的样子，他暗暗下了决心，下次一定要超过他。
7. (一)辈子　(yí)bèizi　（名）lifetime; all one's life　一生。
8. 得罪　dézuì　（动）offend; displease　使人不快。
   得罪人；得罪朋友
9. 莫名其妙　mò míng qí miào　（成语）be rather baffled　说不出其中的奥妙。指事情很奇怪，说不出道理来。
   他最近总是莫名其妙地发脾气。
10. 琳达　Líndá　（专名）Linda　人名。
11. 菲比　Fēibǐ　（专名）Phoebe　人名。
12. 表哥　biǎogē　（名）cousin; a son of one's father's sister or mother's brother or sister, who is older than oneself　姑妈、姨妈或舅舅的儿子中比自己年龄大的。
13. 无心　wúxīn　（形）(1)not be in the mood for 没有心思。(2)unintentionally 不是有意的。
    快要回国了，不少学生都无心学习。
    我不是故意笑话你，我是无心的。
14. 国画　guóhuà　（名）traditional Chinese painting　中国传统的绘画。
15. 张大千　Zhāng Dàqiān　（专名）中国现代著名画家（1899~1983）。
16. 应　yìng　（介）at; with　表示满足要求、允许、接受。
    应北京大学的邀请，张教授将于四月份访问北大。
    应他的要求，我们对这件事重新进行了调查。
17. 应邀　yìngyāo　（动）at sb.'s invitation　受人的邀请。
18. 将军　jiāngjūn　（名）general　军衔名。
19. 犬　quǎn　（名）dog　狗。

41

大千，一见到将军，就兴奋地说："我早就想到您家来拜访了！"将军听了张大千的话，以为是对自己表示仰慕，自然很得意，忙说："不客气！"不料张大千居然接着说："我早就想来看看您这只狗了！"张大千说完这句话随即就猛然意识到自己的错误，一脸不好意思，匆匆忙忙告辞出来。幸亏那天将军的心情不错，不然非惹来麻烦不可。

我自己也说过这种容易让人误解的话。记得有一次在宴会上有人为我介绍某大学的校长，我客气地说："久仰！久仰！将来我如果失业了，一定要请您提拔！"我一心想表示谦虚，却很可能会引起对方的不快："难道我这里是收容所？没地方要你，你才到我学校来？"所以有一天我真希望到那学校教书时，他八成儿不会聘请我。这不也是无心之失造成的吗？

相反地，懂得讲话技巧的人，却能把一句原本并不十分舒

20 拜访　bàifǎng　（动）　call on　（敬词）看望访问。

21 仰慕　yǎngmù　（动）　admire　敬仰。

22 不料　búliào　（副）　to one's surprise　没想到。
我本来以为半个小时就可以到了，不料竟用了两个小时。
我好心安慰他，不料却被他骂了一顿。

23 随即　suíjí　（副）　immediately (after)　随后就；立刻。
听到这个消息，他吃了一惊，随即冲了出去。
他向这儿望了一眼，随即钻进了汽车。

24 猛然　měngrán　（副）　abruptly; suddenly　忽然。
节日期间鲜花的需求量猛然增加，价格上涨了10%。
他刚要出去，这时候办公室的门猛然被推开了。

25 匆忙　cōngmáng　（形）　in a hurry　急忙。

26 告辞　gàocí　（动）　say goodbye; take leave of　辞别。
向他告辞

27 惹　rě　（动）　ask for　引起；触犯。
别惹他；惹他生气；惹麻烦

28 久仰　jiǔyǎng　（动）　I have long been looking forward to meeting you　初次见面时说的客气话。

29 提拔　tíbá　（动）　promote　提升。

30 谦虚　qiānxū　（形）　modest　虚心。

31 引起　yǐnqǐ　（动）　give rise to; bring　一件事或一种现象、活动使另一件事、另一种现象、活动发生。
引起矛盾；引起他的不满

32 不快　búkuài　（形）　unhappy　不愉快。

33 收容所　shōuróngsuǒ　（名）　asylum　收留无生活来源或处境困难的人的地方。

34 教书　jiāoshū　（动）　teach　教学生学习功课。

35 八成儿　bāchéngr　（副）　eighty percent; most likely　很有可能。
我看这件事八成儿会惹他不开心。
有了这笔钱，他八成儿会辞掉现在的工作。

36 聘请　pìnqǐng　（动）　hire　邀请某人担任职务。

37 无心之失　wúxīn zhī shī　（成语）　a fault committed unintentionally　不是故意犯的错儿。
在这里，我为我的无心之失向你道歉，我真的不是故意要伤害你。

38 原本　yuánběn　（副）　originally　原来；本来。
这件衣服原本是买给我弟弟的，可是他穿有点儿小。
我原本打算十月份去上海，可是既然他来了，我就可以不去了。

43

服的话，说得让人觉得舒服。比如有一位官员，对他的下属不大满意，因为他们每件事情都要来请示他。但是这位官员并不直截了当地命令大家各负各的责任，而是在开会时说："我不是每件事情都能像各位那么专业，所以今后签文件的时候，请大家不要问我该怎么做，而改成建议我怎么做！"还有一位官员，当他请下属到他办公室来的时候，从来不说："请你到我办公室来一趟！"而是说："我在办公室等你。"这两个人，都是巧妙地把自己由真正的主动变成好像是被动的样子，当然也就容易赢得下属的好感。因为没有一个人不希望自己做主的，没有一个人是愿意听命于人的！

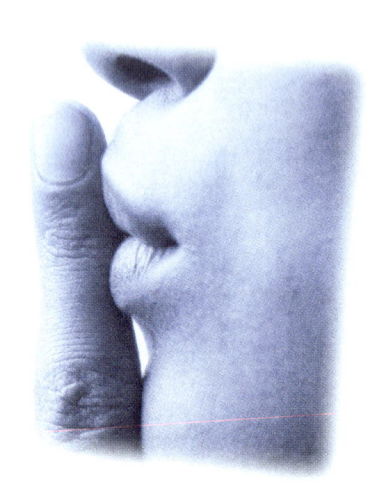

至于最聪明的人，要算是那些既能表现自己又能突出对方的人了。我曾经听过一位外交官在离任的宴会上讲的一段话，真是妙极了！他对送行的人说："大家都知道，如果没有过人的才能，是不可能担任这项工作的，而且一做就是十年。而我，其实也没有什么过人的本领，凭什么能在这儿一做就是十年呢？这道理很简单，因为我靠了你们这些朋友！"多漂亮的话啊！不过一百字之间，既表现了他的自负，又表现了他的谦虚，最后把一切都归功于

3 说话的技巧

39 下属　xiàshǔ　（名）　subordinate　下级。

40 请示　qǐngshì　（动）　ask for instructions　下级向上级请求指示。

41 直截了当　zhíjié liǎodàng　（成语）　be straightforward　形容说话做事直接，不拐弯抹角。

他站了起来，直截了当地表达了对老张的不满。

有一个直截了当的方法，那就是离开北京。

42 负　fù　（动）　bear　承担；担任。

负责任；负债；负罪

43 文件　wénjiàn　（名）　document　公文、书信等。

44 巧妙　qiǎomiào　（形）　clever　精巧美妙。

45 被动　bèidòng　（形）　passive　不能造成有利局面使事情根据自己的意愿进行。

46 赢得　yíngdé　（动）　win　通过努力得到。

赢得尊重；赢得胜利；赢得冠军

47 好感　hǎogǎn　（名）　favorable impression　满意或喜欢的情绪。

对他有好感

48 做主　zuòzhǔ　（动）　decide　对某件事情负完全责任而做出决定。

自己的事情自己做主

49 听命于人　tīng mìng yú rén　（成语）　be at sb.'s command　听从别人的命令。

现在我终于可以自己做主，不需要再听命于人了。

50 算是　suànshì　（动）　regard as; take as　算。

我最值钱的东西，就算是这台电脑了。

这一次的成绩，算是他最好的一次了。

51 外交官　wàijiāoguān　（名）　diplomat　做外交工作的官员。

52 离任　lírèn　（动）　leave one's post　离开职务。

53 送行　sòngxíng　（动）　see sb. off　到某人出发的地方告别。

给他送行

54 过人　guòrén　（形）　outstanding　比一般人强。

记忆力过人；过人的才能

55 自负　zìfù　（形）　self-conceited　自以为了不起。

56 归功于　guīgōng yú　owe to　把功劳归于某人某事。

他把成绩归功于全体工作人员。

朋友和下属，难怪会赢得大家的喝彩。

　　说了这么多，如果你问我到底要怎么说话才对，我真是答不上来。但研究了这么多年，我最少可以想到一个原则，那就是：除了为自己想，更要为对方想。说到好事的时候，把重点放在对方身上；要责备，先把责任放在自己身上。最重要的是，当你要表现自己的时候，务必记住不要忘了别人。因为没有一个听话的人，会希望被说话者忽视，也没有一个忽视听众的说话者能获得好的反应！

（原作：刘墉）

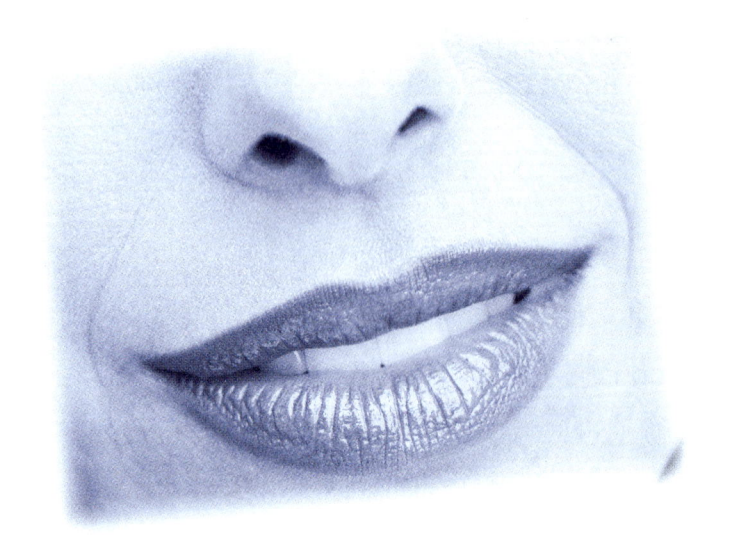

57 难怪　nánguài　（副）　no wonder　表示明白了原因，不再觉得奇怪。

他回国了啊？难怪我见不到他。

他是新来的，难怪大家都不认识他。

难怪他汉语说得这么好，原来他学了三年了。

58 喝彩　hècǎi　（动）　acclaim；chear　大声叫好。

为他喝彩

59 原则　yuánzé　（名）　principle　说话做事所依据的标准。

60 重点　zhòngdiǎn　（名）　emphasis　同类事物中重要的或主要的部分。

61 责备　zébèi　（动）　blame　责怪；批评。

62 务必　wùbì　（副）　be sure to　一定要。

你务必要记住，任何时候都不要只为自己考虑。

明天的会议，请大家务必出席。

63 忽视　hūshì　（动）　ignore　不重视。

64 听众　tīngzhòng　（名）　audience　听演讲、音乐、广播的人。

练习

一 朗读

1. 朗读下面的词语

一脸不高兴　向我诉苦　冒起火来　细细琢磨一下　暗暗不开心

应邀到一位将军的家里做客　猛然意识到　匆匆忙忙告辞出来

惹来麻烦　让人误解的话　懂得讲话技巧　对他的下属不大满意

各负各的责任　没有一个人不希望自己做主

既能表现自己又能突出对方　归功于朋友和下属

2. 朗读下面的句子，注意停顿和语调

(1) 有些话我们讲了半辈子，技术上有问题，自己却不知道。

(2) 他的时间值钱，我的时间就不值钱？

(3) 菲比无心得罪了老同学，自己还不知道。

(4) 张大千说完这句话随即就猛然意识到自己的错误，一脸不好意思。

(5) 幸亏那天将军的心情不错，不然非惹来麻烦不可。

(6) 我自己也说过这种容易让人误解的话。

(7) 有一天我真希望到那学校教书时，他八成儿不会聘请我。

(8) 这位官员并不直截了当地命令大家各负各的责任。

(9) 没有一个人不希望自己做主的，没有一个人是愿意听命于人的！

(10) 没有一个忽视听众的说话者能获得好的反应！

二 参考语素的注释和例句，理解新词语并选择填空

1. 应邀

　　[应]：满足要求；允许；接受　promise; respond

　　例：上学期，张教授应邀到我校讲学。

应聘／应约／应试

(1) 这个辅导班不可能使学生的水平有多大的提高，只是给学生介绍一些_____的技巧。

(2) 下午五点，我_____准时来到北京饭店跟他见面。

(3) 我们只需要三个人，可是来_____的一共有二十多个。

2. 随即

   → [随]：跟 along with; follow

   例：听到这个消息，他随即就赶到上海看望她。

随后／随同／随身

(1) 他只在这儿待了十分钟，_____就去见外商了。

(2) 我这次没打算住很长时间，所以_____只带了两三件衣服。

(3) 今年四月他_____外交部长访问了欧洲五个国家。

3. 赢得

   → [得]：得到 gain; get

   例：经过艰苦的拼搏，他又一次为我们的祖国赢得了荣誉。

获得／征得／取得

(1) 在过去的一年里，他在工作中_____了很大的成绩。

(2) 这件事我自己不能决定，要_____老板的同意才行。

(3) 通过三年的努力，我们这个节目终于_____了观众的好评。

三 辨析近义词，并用括号中的词语完成句子

1. 暗暗　偷偷

   "暗暗"用于表示内心活动，心里的想法不说出来，不表现在语言或行动上；"偷偷"侧重于具体行为，动作行为不被人知道，不使人觉察。

   例：他心里暗暗下定决心，一定要帮助她实现心愿。

   他们聊得很热闹，我就偷偷出来了。

   (1) 我_____，可是为了让他安心地去考试，我还是装作什么事也没发生的样子。（暗暗）

   (2) 圣诞老人不会送给你礼物，_____。（偷偷）

2. 随即　随后

"随即"强调时间上的紧密相连，表示在某件事之后马上出现另一件事；"随后"只表示在时间上前后相承。

例：九点整，他出现在现场，现场的气氛<u>随即</u>达到高潮。

在<u>随后</u>的一周里，我们参观了上海、南京、杭州等地。

(1) A：听说老张昨天到北京了，你见到他了吗？

B：还没有，他昨天五点下的飞机，＿＿＿＿＿＿＿＿＿＿＿＿。（随即）

(2) A：她们最近时间很紧吗？

B：是的，她们5月2号参加了全国女排大奖赛，＿＿＿＿＿＿＿＿＿＿＿＿＿＿＿＿＿＿。（随后）

3. 猛然　突然

"猛然"是副词，只能做状语，表示事情发生得很快、出乎意料，同时还强调动作猛烈或思想意识中感受到猛烈的冲击（如"猛然意识到"、"猛然想起"）；"突然"是形容词，可以做状语、定语、谓语。

例：他<u>猛然</u>一撞，门开了，里面的东西散落了一地。

这电视昨天还好好的，今天<u>突然</u>就坏了。

(1) A：你怎么没有参加昨天的聚会？

B：＿＿＿＿＿＿＿＿＿＿＿＿。（猛然）

(2) A：你的电脑有什么问题？

B：我的电脑一直挺好的，昨天＿＿＿＿＿＿＿＿＿＿＿＿。（突然）

四　根据例句，用指定词语完成句子

1. 莫名其妙

例：昨天还好好的，今天一见面他就这么冷淡，真是<u>莫名其妙</u>。

A：张经理怎么了，生意谈成了，他怎么看起来有点儿不太高兴？

B：＿＿＿＿＿＿＿＿＿＿＿＿＿＿＿＿＿＿＿＿。

2. 无心之失

例：你别生气了，就算他这件事做错了，也是<u>无心之失</u>啊。

A：老张，昨天的事，真是对不起，我没想到会给你惹来这么大的麻烦。

B：没关系，＿＿＿＿＿＿＿＿＿＿＿＿＿＿＿＿＿＿。

3. 直截了当

   例：有什么话就**直截了当**地说吧，我们之间不用这么客气。

   A：老李好像对我挺有意见的，不知道我是不是什么地方得罪了他。

   B：你不用担心，_____。

4. 听命于人

   例：谁都不会喜欢**听命于人**，所以有什么事尽量用商量的口气跟别人说。

   A：老张，怎么样，新的工作还满意吗？

   B：以前都是我告诉人家做什么，_____。

五 用括号里的词语完成对话

1. A：张教授，久仰您的大名，没想到在这里见到您，真是幸会！

   B：李先生，我也经常在电视里看到您，早就想拜访您了。

   A：您这次来北京是……

   B：_____。（应……的邀请）

2. A：现在汽车真是越来越便宜了。

   B：是啊，今年汽车不断地降价。

   A：你这辆车是什么时候买的？

   B：去年夏天，我买的时候要二十万，_____。（不料）

3. A：昨天下午的讲座你去听了吗？

   B：我原本打算去的，可是_____。（猛然）

4. A：老板在吗？

   B：在，他在办公室。

   A：我去找他。

   B：你可别去，他今天心情不太好，_____。（惹）

5. A：不知道是谁家搬家，楼下停了两辆车。

   B：是搬走吗？

   A：是啊，东西真不少呢。

   B：_____，他前两天告诉我买了新房子，正在装修呢。（八成儿）

6. A：你为什么总找小林的麻烦？

    B：啊？没有啊，我没惹她啊！

    A：你去看看，她在外边哭呢！

    B：我真的没有得罪她啊，＿＿＿＿＿＿＿＿＿＿＿＿＿＿＿。（无心之失）

7. A：小张啊，祝贺你，你的设计方案赢得了大奖。

    B：是吗？

    A：你的辛苦没有白费，有志者事竟成啊。

    B：哪里哪里，＿＿＿＿＿＿＿＿＿＿＿＿＿＿＿。（归功于）

8. A：这个村子变化真大啊，新建了这么多工厂。

    B：变化是不小，人们也越来越有钱了，不过，环境污染可是越来越严重了。

    A：＿＿＿＿＿＿＿＿＿＿＿＿＿＿＿。（难怪）

    B：经济的发展和环境问题真是一对不容易解决的矛盾啊。

六 选择填空

1. 有些时候，我们说错了话，＿＿＿＿＿＿＿＿＿＿＿＿＿，自己心里还不知道。

    A. 连得罪了人

    B. 甚至得罪了人

    C. 最多得罪了人

    D. 至于得罪了人

2. ＿＿＿＿＿＿＿＿＿＿＿＿＿，不然我就麻烦了。

    A. 他正好那天情绪还幸亏不错

    B. 他幸亏那天正好情绪还不错

    C. 那天幸亏他正好情绪还不错

    D. 那天他正好幸亏情绪还不错

3. 这次产品的质量问题已经＿＿＿＿＿＿＿＿＿＿＿了消费者的广泛关注。

    A. 造成

    B. 产生

    C. 出现

    D. 引起

4. 懂得说话技巧的人，_____。

   A. 当然就很容易赢得下属的好感
   B. 当然就很轻易赢得下属的好感
   C. 当然就好容易赢得下属的好感
   D. 当然就好不容易赢得下属的好感

5. 我本来是想对他表示仰慕，_____。

   A. 竟不料惹得他这么生气
   B. 不料竟惹得他这么生气
   C. 不料他竟惹得这么生气
   D. 他不料竟惹得这么生气

6. 听说他升了经理，_____。

   A. 原来昨天说要请我们吃饭呢
   B. 他说要请我们吃饭，怪不得他
   C. 难怪他昨天说要请我们吃饭呢
   D. 难怪他，他说要请我们吃饭

七 连句成段

1. A. 做到这一点并不那么容易
   B. 甚至需要心理咨询等专业方面的帮助
   C. 需要大学生们付出很大的努力
   D. 新入学的大学生需要在新的环境中重新树立自信
   E. 也需要有其他人的帮助

   _____

2. A. 它使每个人感到受重视、被信任
   B. 进而使他们有责任心、有参与感
   C. 这样整个团体同心合作，人人都能发挥所长，组织才有新鲜的活力，事业方能蒸蒸日上

D. 给员工权利是激励员工的一个好方法

E. 是事业成功的途径

3. A. 我不断地清醒地告诉自己说，这是一个压力面试，他们就是要用各种各样的问题来让你头痛

B. 看你在疲倦之下是否能够情绪稳定、思维清晰和表达周密

C. 进入到最后的面试时，我已经感到十分的疲惫了

D. 终于，漫长的一小时面试结束了，我始终保持着微笑，直至走出面试室

E. 而老外面试官的问题却无穷无尽，甚至拿出了两种护肤品让我比较分析它们的市场策略的不同

八 根据课文内容回答问题

1. 作者的学生为什么被老板辞了？
2. 琳达为什么不喜欢菲比？
3. 张大千说错了什么话？
4. 作者为什么觉得那位校长不会聘请他？
5. 最聪明的人怎么说话？
6. 运用说话的技巧应该掌握的原则是什么？

九 课堂讨论

1. 你有没有说错话的时候？请举例说明。
2. 你有没有因为文化的差异引起误会的情况？请举例说明。

十 应用练习

查找一两个因为说错话而引起误会的故事，讲给全班同学听。

说话的技巧 3

扩展阅读　（一）语言的艺术——委婉的暗示

在人们的语言交往中，考虑到双方的关系或出于某种原因，有些话不能或者不便直接说出来，而是用较为委婉的语言，把本来要说的话或者要表达的意图暗示出来，让对方去领会和思考，这在语言的艺术上就叫做委婉的暗示。

在心理学上，暗示是采用含蓄的方式，通过语言、行动等手段对他人的心理和行为发生影响，从而使他人接受某一观念，或按照某一方式活动；通过暗示，不显露动机，不指明意义，而把语言所要表达的含义间接地提供给受暗示者，使其心理和行为受到影响。

在现实生活中，有时我们回答问题不能毫无顾忌、直言直语，而必须用委婉的方法进行暗示，以影响对方。每个人都有自尊心、虚荣心，运用语义明确的语言，会给对方很大的刺激，伤害对方的自尊心；特别是带有忠告性的意见或建议，若不考虑言辞，不但对方不容易接受，达不到忠告的目的，而且，可能产生语言上的冲突，造成感情上的失和。有时，也由于涉及对话双方以外的第三方，直接回答可能会引起误会甚至矛盾，将自己卷入不必要的语言纠纷。因此，在这些场合中，要善于运用中听的言辞、温和委婉的语气、平易近人的态度、曲折隐晦的暗示，使对方理解真实意图，达到说服对方或应付对方的目的。

委婉的暗示并不是运用模糊语言推诿、搪塞对方，而是在特定的语言环境与场合，运用暗示实现特定的目的，用委婉曲折的语言表达暗示者的思想意图，使对方心领神会。这些语言表面上不明确，但实际上对话双方却能明白其所指，这样对方就能从中领会其中真实的含义。

首先，对不便于直接回答的问题，可以委婉地暗示。这类问题或者有难言之隐，不便正面回答；或者若直接回答，会引起对方的不愉快；或者若直接说出来，有损对话双方的感情。

其次，对于不能直接回答的问题，需要通过委婉的暗示。这种情况，或者是需要保密，或者是为了遵守诺言，或者是如果直

委婉　wěiwǎn　euphemistic

意图　yìtú　intention
领会　lǐnghuì　understand; comprehend
含蓄　hánxù　implicit

顾忌　gùjì　scruple
自尊　zìzūn　self-respect
虚荣　xūróng　vanity
忠告　zhōnggào　sincerely advise; sincere advice
失和　shīhé　estrange
平易近人　píngyì jìn rén　amiable
模糊　móhu　unclear; obscure
搪塞　tángsè　prevaricate
心领神会　xīn lǐng shén huì　understand tacitly
难言之隐　nán yán zhī yǐn　something embarrassing to mention

55

回避　huíbì
evade; avoid

摩擦　mócā
friction; conflict

接回答会引起较为严重的后果，出现不利的局面等。

最后，对不愿直接回答的问题，也可以进行委婉的暗示。在这种情况下，委婉的暗示还是回避的有效方法。对这类不愿明言或无法明确作答的问话，用含糊的语言委婉地表达，更能使自己从被动的局面中摆脱出来，争取主动。

可见，暗示是人际交往中语言表达的一项基本技巧，正确地运用这一方法，能有效地避免社交中的语言摩擦，促进人际关系的健康发展。

（原作：ET人）

阅读后回答问题

1. 什么叫委婉的暗示？
2. 运用明确的语言，有时会造成什么结果？
3. 委婉的暗示是不是推诿、搪塞？
4. 对哪些问题可以运用委婉的暗示？

（二）赞美别人

赞美别人，仿佛用一支火把照亮别人的生活，也照亮自己的心田，有助于发扬被赞美者的美德和推动彼此的友谊健康地发展，还可以消除人际间的龃龉和怨恨。赞美是一件好事，但绝不是一件易事。赞美别人时如不审时度势，不掌握一定的赞美技巧，即使你是真诚的，也会变好事为坏事。所以，开口前我们一定要掌握以下技巧。

因人而异

人的素质有高低之分，年龄有长幼之别，因人而异，突出个性，有特点的赞美比一般化的赞美能收到更好的效果。老年人总希望别人不忘记他"想当年"的业绩与雄风，同其交谈时，可多称赞他引为自豪的过去；对年轻人不妨语气稍为夸张地赞扬他的创造才能和开拓精神，并举出几点实例证明他的确能够前程似锦；对于经商的人，可称赞他头脑灵活，生财有道；对于有地位的干部，可称赞他为国为民，廉洁清正；对于知识分子，可称赞他知识渊博、宁静淡泊……当然这一切要依据事实，切不可虚夸。

情真意切

虽然人都喜欢听赞美的话，但并非任何赞美都能使对方高兴。能引起对方好感的只能是那些基于事实、发自内心的赞美。相反，你若无根无据、虚情假意地赞美别人，他不仅会感到莫名其妙，更会觉得你油嘴滑舌、诡诈虚伪。例如，当你见到一位其貌不扬的小姐，却偏要对她说："你真是美极了。"对方立刻就会认定你所说的是虚伪之至的违心之言。但如果你着眼于她的服饰、谈吐、举止，发现她这些方面的出众之处并真诚地赞美，她一定会高兴地接受。真诚的赞美不但会使被赞美者产生心理上的愉悦，还可以使你经常发现别人的优点，从而使自己对人生持有乐观、欣赏的态度。

翔实具体

在日常生活中，人们有非常显著成绩的时候并不多见。因此，交往中应从具体的事件入手，善于发现别人哪怕是最微小的

龃龉 jǔyǔ discord

审时度势
shěn shí duó shì
assess the situation

前程似锦
qiánchéng sì jǐn
have a very promising future

廉洁 liánjié incorruptible

渊博 yuānbó profound

淡泊 dànbó
not seek fame and wealth

虚夸 xūkuā
exaggerative

油嘴滑舌
yóu zuǐ huá shé
glib

诡诈 guǐzhà cunning

虚伪 xūwěi hypocritical

其貌不扬
qí mào bù yáng
plain in appearance

翔实 xiángshí
full and accurate

长处，并不失时机地予以赞美。赞美用语愈翔实具体，说明你对对方愈了解，对他的长处和成绩愈看重。让对方感到你的真挚、亲切和可信，你们之间的人际距离就会越来越近。如果你只是含糊其辞地赞美对方，说一些"你工作得非常出色"或者"你是一位卓越的领导"等空泛飘浮的话语，就会引起对方的猜度，甚至产生不必要的误解和信任危机。

合乎时宜

赞美的效果在于相机行事、适可而止，真正做到"美酒饮到微醉后，好花看到半开时"。

当别人计划做一件有意义的事时，开头的赞扬能激励他下决心做出成绩，中间的赞扬有益于对方再接再厉，结尾的赞扬则可以肯定成绩，指出进一步的努力方向，从而达到"赞扬一个，激励一批"的效果。

雪中送炭

俗话说："患难见真情。"最需要赞美的不是那些早已功成名就的人，而是那些因被埋没而产生自卑感或身处逆境的人。他们平时很难听到一声赞美的话语，一旦被人当众真诚地赞美，便有可能振作精神，大展宏图。因此，最有实效的赞美不是"锦上添花"，而是"雪中送炭"。

此外，赞美并不一定总用一些固定的词语，见人便说"好……"。有时，投以赞许的目光、做一个夸奖的手势、送一个友好的微笑也能收到意想不到的效果。

当我们目睹一个经常赞扬子女的母亲是如何创造出一个完满快乐的家庭、一个经常赞扬学生的老师是如何使一个班集体团结友爱天天向上、一个经常赞扬下属的领导者是如何把他的机构管理成和谐向上的集体时，我们也许就会由衷地接受和学会人际间充满真诚和善意的赞美。

合乎时宜　héhū shíyí
befit the right occasion

雪中送炭
xuě zhōng sòng tàn
give help when it is most needed

阅读后判断正误（正确的画"✓"，错误的画"×"）

（　　）1. 任何赞美都会使对方高兴。

（　　）2. 对老年人，可以赞美他当年的业绩。

（　　）3. 含糊的赞美会使对方对你不信任。

（　　）4. 那些功成名就的人其实最需要别人的赞美。

4 发现步行之美

课文导入

一 听短文（第一遍）回答问题

1. 作者是怎么发现步行之美的？
2. 文中讲了步行的哪些好处？

二 听短文（第二遍）填空

三个多月前，我的车子突然不见了，于是我_____步行上下班。虽然我每天要花四十多分钟时间去单位，但是三个月以后，我_____开始感谢小偷了，因为我在步行中发现了美。

首先，步行是_____方便的。当汽车在城市中挤来挤去，不能_____时，我们却可以迈开双腿，轻松自由地行动。

其次，步行可以欣赏城市的_____。我们的身边并不缺少美，缺少的是我们对美的发现。步行可以使我们的眼睛、我们的心灵_____到美，在我们生活的这个城市中发现美丽。

第三，步行可以使我们心情_____、身体健康。生命在于运动，而最好的运动_____就是步行。

第四，步行可以让我们有机会对自己进行_____，想一想自己每天做的事情是不是正确，使我们有机会认识自己，_____自己。

第五，步行可以使我们_____经验。人是社会和国家的一部分，我们应该更多地了解这个社会，了解我们的国家，而步行正是我们了解_____一切的好机会。

三 讨论

1. 你认为步行有什么好处？
2. 在中国，你常常使用的交通方式是什么？你对使用这些交通方式有什么感受？

59

课文

发现步行之美

三个多月前，我的车子不翼而飞，不知让哪位小偷先生或是小偷女士给开去了，于是我不得不走路上下班。从家到单位以竞走的速度走，需要47分钟。三个多月过去了，我却开始有点儿感谢小偷了，因为我从步行中发现了许多美丽的东西。

步行确实很美，她至少有五大美丽。

一是安步当车，轻松自在。人类的身体结构就是为步行设计的，直立行走是猿进化到人的革命性标志。一双腿脚就是人类方便的车子，只要迈开双腿，就可以在地球上安步当车、轻松自由地行动。这部"车"就这么简单方便、自由舒畅。对于热爱步行的人来说，当汽车——这一工业文明的产物在城市里横七竖八地堵在一起，互不相让、挤挤碰碰、争来争去、吵吵

发现步行之美 4

1 步行　bùxíng　（动）　go on foot　走路。

2 车子　chēzi　（名）　vehicle　车。

3 不翼而飞　bú yì ér fēi　（成语）　disappear without trace　东西突然消失。
我打开电脑，发现昨天存的文件竟然不翼而飞了。
他在取钱时发现，卡里原有的一万多块钱不翼而飞。

4 小偷　xiǎotōu　（名）　thief　偷东西的人。

5 以　yǐ　（介）　以……+〈动词〉。
(1) according to　（表示方式）按照；根据。
他的成绩已经很不错了，我们不能以专业运动员的标准来要求他。
汽车在以每小时120公里的速度前进。
(2) with　（表示凭借）用；拿。
我们要以实际行动保护自然环境。
他以自己写文章挣的钱维持一家人的生活。

6 竞走　jìngzǒu　（名）　race walking　田径比赛的项目之一。

7 安步当车　ān bù dàng chē　（成语）　walk rather than take a ride　慢慢地步行，当成坐车。
汽车无法开上这段山路，队员们只好安步当车。
开车是文明的进步，安步当车同样是一种文明的进步。

8 结构　jiégòu　（名）　structure　各个组成部分的搭配和排列。

9 直立　zhílì　（动）　stand upright　笔直地站立或竖立。
直立行走

10 猿　yuán　（名）　ape　哺乳动物，与猴相似，比猴大，无尾。

11 进化　jìnhuà　（动）　evolution　事物由简单到复杂、由低级到高级逐渐发展变化。

12 革命　gémìng　（动）　revolutionize　根本改革。（名）revolution　根本性的变化。

13 标志　biāozhì　（动）　symbolize　表明某种特征。（名）symbol　用以识别的记号。

14 产物　chǎnwù　（名）　outcome；result；product　一定条件下产生的事物。
现代文明的产物

15 横七竖八　héng qī shù bā　（成语）　disorderly　东西排列得杂乱无序的样子。
房间里桌子椅子横七竖八的，也没有人收拾一下。

16 ……来……去　……lái……qù　indicating an action happens repeatedly or continuously
"来"、"去"前边的动词相同或意思相近，表示动作行为连续不断或反复发生。如"跑来跑去"、"说来说去"、"挑来选去"。
手里拿着词典翻来翻去，就是找不到这个词。
考虑来考虑去，我还是决定改变预定计划。
两个人总是争来吵去的，可是越吵感情越深，谁都离不开谁。

嚷嚷以致不能前进时，我们这辆"车"却可以轻松行动，在汽车中间昂首阔步地转来转去，就像泉水在山石中间流动，不是很快乐吗？

二是参观城市，欣赏景色。城市是人类改造自然的成果，是最美丽的风景之一。"这个世界并不缺少美，缺少的是发现美的眼睛和心灵。"步行可以培养我们发现美的眼睛和心灵。早晨，与太阳一起起床，步行到公园锻炼身体，河边到处飘着运动的节奏——伸伸胳膊、蹬蹬腿、扭扭腰，还有做生意的人们大声叫卖着……眼前的情景就像是一曲曲生动的生命之歌、生活之歌，表达着人们对生命和美好生活的期望。步行在路上，满眼的车流、人流，有秩序地向他们自己的目的地前进着；路旁的大小商店纷纷开门、打扫卫生；就连那些高高低低、风格不同的建筑也像是在流动着，一脸认真地讲着它们自己的故事、表现着自己的性格和风采……这些生动的情景以不同的方式展示着城市的繁荣、发达和美丽。就这样，在我们一天又一天的步行中，眼睛欣赏着美、思想发现着美、心中流动着美，这些美一直流进血液，流遍全身，这还不美吗？

17 以致　yǐzhì　（连）　so that; as a result　表示后边的事实是上文的原因所形成的结果。
这张照片拍得实在太美了，以致让人怀疑它的真实性。
他没有作过认真的调查，以致做出了这种让大家无法接受的决定。

18 前进　qiánjìn　（动）　advance　向前行进；向前发展。

19 昂首阔步　áng shǒu kuò bù　（成语）　stride forward with one's chin up　抬起头大步地走。
我们带着美好的愿望，昂首阔步地走入了二十一世纪。

20 欣赏　xīnshǎng　（动）　appreciate; enjoy　享受美好的事物，领略其意味。
欣赏节目；欣赏表演

21 改造　gǎizào　（动）　transform　改变原来的事物，使它适合需要。
改造机器；改造自然

22 心灵　xīnlíng　（名）　heart　思想感情。

23 节奏　jiézòu　（名）　rhythm　音乐中交替出现的有规律的强弱、长短的现象。
音乐节奏；生活节奏

24 胳膊　gēbo　（名）　arm　肩膀以下手腕以上的部分。

25 扭　niǔ　（动）　twist　转动。

26 叫卖　jiàomài　（动）　huckster; hawk　吆喝着招揽顾客。

27 眼前　yǎnqián　（名）　before one's eyes　眼睛前面；跟前。

28 情景　qíngjǐng　（名）　scene　情况、景象。

29 曲　qǔ　（量）　measure word for songs　用于歌曲、乐曲。
演奏一曲；一曲《回家》

30 生动　shēngdòng　（形）　vivid　具有活力、能感动人的。

31 纷纷　fēnfēn　（形）　one after another　许多人或事物，一个接一个地。
这次活动吸引了很多留学生，大家纷纷报名参加。
八十年代中期，各种高科技企业纷纷出现在这里，形成了"电子一条街"。

32 打扫　dǎsǎo　（动）　clean　清扫。

33 风格　fēnggé　（名）　style　一个时代、一个民族、一个流派或一个人的文艺作品所表现的主要的思想特点和艺术特点。

34 风采　fēngcǎi　（名）　graceful demeanour; bearing　人的仪表举止。

35 展示　zhǎnshì　（动）　display　摆出来让人看。
展示新产品；展示自己的个性

36 血液　xuèyè　（名）　blood　血。

三是心情快乐，健康长寿。"阳光、空气、水和运动是生命和健康的源泉"——这是2400多年前一位伟大的医学家说的，他把运动对于生命和健康的作用看得与阳光、空气和水一样重要。生命在于运动，而步行是世界上最好的运动。公元前6世纪，古希腊人就在山上刻下了这样一句话："如果你想健康，快快走路吧！如果你想美丽，快快走路吧！如果你想聪明，快快走路吧！"为什么呢？就是因为步行具有快乐身心、健康长寿的神奇效果。我对步行的医学效果有生动的体验，在怡然自得地欣赏风景的同时，全身放松，血液流动，心灵安静。虽然只有三个多月的步行经历，皮肤却变得越来越好，精神也越来越好。在城市的林荫大道上快速地步行，在满是花草的公园里轻松散步。这腿和脚本来就是大自然送给我们的走路方式，以原始的方式走路，时间长了，居然还会使我们身体健康、心情愉快，这难道不是十分美丽的事情吗？

四是反省自己，纯洁心灵。人应该了解自己，怎样才能了解自己呢？需要冷静地对自己进行反省。那么什么是反省呢？就是对自己说的话和做的事进行检查和思考。曾子说每天都要对自己反省三次，他的这种做人方法为我们所熟悉。对于相信"时间就是金钱，效率就是生命"的现代人来说，不要说每天反省自己三次，只要能在每天的步行中检查一下自己，就会带来很大的好处。就像平静的湖面可以照出清楚的影子一样，步行时的心灵是平静的，这种平静的心灵最适合审视自己，最能客观地检查出自己每天说过的话和做过的事是不是正确。这时的步行已经不再是

发现步行之美 4

37　源泉　yuánquán　（名）　source　水源，比喻事物的来源。

　　幸福的源泉；健康的源泉

38　伟大　wěidà　（形）　great　超出寻常；令人景仰崇敬的。

39　医学　yīxué　（名）　medical science　以保护和增进人类健康、预防和治疗疾病为研究内容的科学。

40　公元前　gōngyuán qián　B.C. (Before Christ)

41　希腊　Xīlà　（专名）　Greece　国家名。

42　体验　tǐyàn　（动）　learn through one's personal experience　在实践中认识事物。

43　怡然自得　yírán zìdé　（成语）　be happy and pleased with oneself　高兴、满足的样子。

　　那些做大事的人们并不一定比每天在小事中怡然自得的人更快乐。

　　一个人怡然自得地走在这条安静的小路上，没有一点儿烦恼。

44　皮肤　pífū　（名）　skin　身体表面的覆盖层。

45　林荫大道　línyīn dà dào　boulevard; avenue　两边有树的大路。

46　反省　fǎnxǐng　（动）　engage in self-reflection; do self-examination　回想检查自己的言语行动。

　　反省自己；反省一下你做过的事

47　纯洁　chúnjié　（形）　pure; clean and honest　纯粹清白，没有污点。

48　冷静　lěngjìng　（形）　calm; still and quiet　平心静气地分析事物。

49　思考　sīkǎo　（动）　think; consider　考虑；想。

50　曾子　Zēngzǐ　（专名）　名参，字子舆，孔子的学生，孔子学说的主要继承人和传播者（公元前505年~公元前435年）。

51　为……所……　wéi……suǒ……　*indicating passive voice in written language*　被动句，用在书面语中。

　　他在工作上很有成绩，一直为大家所尊敬。

　　那时候他还不为大家所知，只是一个普通的工程师。

52　不要说……，只要……，就……　búyào shuō……, zhǐyào……, jiù……　*not to mention... even...*

　　"不要说（别说）"与后边的"只要……，就……"配合，构成递进关系。

　　"不要说（别说）"指出它后边的事实不成问题，"只要……，就……"指出一个相对较低的条件，在这种条件下结果仍然成立。

　　不要说是节日，就是平时，这儿也是这么热闹。

　　别说是得冠军，只要能进入决赛，我们就很满意了。

53　审视　shěnshì　（动）　inspect carefully; scrutinize　仔细地观察。

身体的运动，简直成了一种心灵的快乐旅行，使我们真正从心里体会到步行的美！

五是阅读社会，增长经验。作为社会和国家的一部分，不能只是看到"自我奋斗、独善其身"的个人生活，应该认识到，人生活在世界上除了"自我"之外，还需要读一本叫做"社会"的书，还应该多点儿社会责任，这样才会使我们的人生更加美好。步行便是阅读这本"社会大书"的好方式。从这个意义上来说，步行又具有了一种深厚的社会意义，这也是一种美丽、一种深刻的美丽！

安步当车是最美丽的。祝愿大家都喜欢步行，都能从步行中发现快乐和健康。

（原作：赵源民）

发现步行之美

54 简直　jiǎnzhí　(副)　simply　强调完全如此或差不多如此，有夸张语气。

他累坏了，简直连站起来的力气都没有了。

这项工作，我简直就是外行，一切都要靠大家了。

今天简直太热了，没法出门。

55 体会　tǐhuì　(动)　learn from；experience　体验领会。(名)　experience　体验领会到的东西。

看到儿子我就很有成就感，等你有了孩子你就有体会了。

大学毕业后，马上就体会到了生活的辛苦。

56 自我　zìwǒ　(代)　oneself　自己。

请大家作个自我介绍；自我伤害

57 奋斗　fèndòu　(动)　strive；struggle　为了达到目的而努力去做。

58 独善其身　dú shàn qí shēn　(成语)　maintain personal integrity；pay attention to one's own moral uplift without thought of others　做好自身的修养。

禽流感正在全世界传播，没有一个国家可以独善其身。

59 从……来说　cóng……lái shuō　from the aspect of　表示根据某个方面的情况得出结论。也可以说"从……来看"。

从他的汉语水平来说，完成这项工作应该是没有问题的。

从工作方面来说，他还是很出色的。

60 深厚　shēnhòu　(形)　deep　深切浓厚。

感情深厚

61 祝愿　zhùyuàn　(动)　wish　表达良好的愿望。

祝愿大家幸福快乐；美好的祝愿

跨越篇·第一册

练习

一 朗读

1. 朗读下面的词语

车子不翼而飞　走路上下班　步行确实很美　安步当车　直立行走
革命性标志　迈开双腿　热爱步行的人　横七竖八　挤挤碰碰　昂首阔步
转来转去　　欣赏景色　对生命和美好生活的期望　风格不同的建筑
以不同的方式展示　伟大的医学家　公元前6世纪　生动的体验　怡然自得

2. 朗读下面的句子，注意停顿和语调

(1) 我的车子不知让哪位小偷先生或是小偷女士给开去了。
(2) 从家到单位以竞走的速度走，需要47分钟。
(3) 直立行走是猿进化到人的革命性标志。
(4) 城市是人类改造自然的成果，是最美丽的风景之一。
(5) 这些生动的情景以不同的方式展示着城市的繁荣、发达和美丽。
(6) 我对步行的医学效果有着生动的体验。
(7) 这腿和脚本来就是大自然送给我们的走路方式。
(8) 曾子说每天都要对自己反省三次，他的这种做人方法为我们所熟悉。
(9) 人生活在世界上除了"自我"之外，还需要读一本叫做"社会"的书，还应该多点儿社会责任。
(10) 祝愿大家都喜欢步行，都能从步行中发现快乐和健康。

二 参考语素的注释和例句，理解新词语并选择填空

1. 欣赏

　　[赏]：享受美好事物，体会其中的趣味　enjoy
　　例：步行使我们有机会参观城市，欣赏美景。

观赏／赏月／赏析

(1) 坐火车去时间是长一点儿，不过路上可以_____美景。
(2) 他刚刚出版一本唐代诗歌_____的著作。
(3) 一家人在一起_____、吃月饼，是中秋节的传统习俗。

2. 风格

　　[风]：姿态；态度　bearing; attitude

　　例：要真正成为一个书法家，就要有自己的风格，不能总是模仿别人。

风度／风采／风情

(1) 这台晚会展示了这里的民族_____。

(2) 这次比赛是大家展示青春_____的一个机会，大家一定要认真准备。

(3) 在所有的来宾中，他是_____最好的一位。

3. 体会

　　[体]：亲身实践　learn from experience; experience and observe

　　例：参加到这项工作中后，我亲身体会到了环保的重要。

体验／体谅／身体力行

(1) 要写出好的作品，必须到群众中去感受生活，没有_____就写不出好作品。

(2) 大家生活在一个集体中，彼此应该互相_____，这样才能友好相处。

(3) 他对下属的要求很严格，他自己也_____，从来不搞特殊。

三　辨析近义词，并用括号中的词语完成句子

1. 以致　因此

"以致"表示下文是上述原因所形成的结果，多指不好的结果；"因此"只引出结果，结果可好可坏。

例：这个工厂平时不注意消防工作，以致发生了这次火灾。

他姐姐今天结婚，因此他请假回国了，没有来上课。

(1) A：这起交通事故是怎么发生的？

　　B：后面的车开得太快了，_____，_____。（以致）

(2) A：这场比赛反映出我们队员的体力不足。

　　B：是啊，_____，_____。（因此）

2. 眼前　面前

"眼前"可以表示时间，意思是现在、目前，也可以表示眼睛前面；"面前"则指面对的地方，也可以指面临的一些抽象情况，如"在困难面前"、"在爱情面前"等。

例：**眼前**我们的问题就是如何让他相信我们是来帮助他的。

摆在你**面前**的是两条路，或者接受邀请，或者继续留在这里。

(1) A：我们的新产品已经生产出来了，今天我们就讨论一下下一步该做什么。

B：_____，消费者接受这个品牌，我们的产品才算是成功。（眼前）

(2) A：我们现在是遇到了一些困难，但是我相信大家一定能克服。

B：_____，大家应该互相帮助，共同前进。（面前）

3. 体验　体会

"体验"强调通过实践、行动去认识事物，认识生活；"体会"强调对实践进行思考，通过思考去理解。

例：必须亲自到农村中，**体验**一下农民的生活，才能演好农民。

你还年轻，还没有**体会**到时间的珍贵。

(1) A：城里的孩子，从小就生活在蜜罐里，一点儿也不知道劳动的辛苦。

B：我爱人也这么说，所以他决定把小明送到农村住一段时间，_____。（体验）

(2) A：两个人在一起的时候，并不觉得珍惜，分开了，才发现一切都没有了。

B："失去后才懂得珍惜"，_____。（体会）

4. 从……来说　对……来说

"从……来说"一般指从事物的某个方面、角度来作出评价；"对……来说"强调所提出的论断或看法与相关人或物的关系。

例：**从**收入方面**来说**，这个工作是相当不错的。

对他**来说**，这个收入并不是太高。

(1) A：你觉得这个小区怎么样？

B：_____，_____；但是它的交通条件让人不太满意。（从……来说）

(2) A：这次的考试题难吗？

B：_____，_____；不过大部分同学还是觉得不容易。（对……来说）

四 根据例句，用指定词语完成句子

1. 不翼而飞

    例：他打开书包，想把准备好的礼物送给她，却发现礼物竟然不翼而飞了。
    A：你的钱包找到了吗？
    B：＿＿＿＿＿＿＿＿＿＿＿＿，可是＿＿＿＿＿＿＿＿＿＿＿＿＿＿＿＿＿。

2. 安步当车

    例：从去年生病以后，他就不再开车了，每天早上安步当车，身体竟然越来越好。
    A：老李，你的车哪儿去了？
    B：儿子回来了，＿＿＿＿＿＿＿＿＿＿＿＿，＿＿＿＿＿＿＿＿＿＿＿＿。

3. 横七竖八

    例：饭店门口横七竖八地停了好多辆车，怎么也没人管一管。
    A：你的衣服该收拾一下了，＿＿＿＿＿＿＿＿＿＿＿＿＿＿＿＿＿。
    B：好的妈妈，我马上就把它们叠起来。

4. 怡然自得

    例：这个公园每天早晨都很热闹，老人们怡然自得地打打太极拳，唱唱京剧，真是让人羡慕。
    A：小李呢，怎么还没来啊？
    B：他没跟我一起走，我走的时候，＿＿＿＿＿＿＿＿＿＿＿＿＿＿＿。

5. 独善其身

    例：中国古代的知识分子，对社会感到失望时，常常选择独善其身，保持自己美好的品德。
    A：今天我们五个家电公司一起开会商议合作，大家一定要为整个行业的发展考虑，不能只考虑自己公司的利益。
    B：王经理说得对，＿＿＿＿＿＿＿＿＿＿＿＿＿＿＿＿＿。

五 用括号里的词语完成对话

1. A：小强啊，都练了这么久了，该休息了。
   B：不行，这个曲子我总是弹不好，我一定要弹得像小慧一样好。
   A：小慧的专业就是钢琴，你不能＿＿＿＿＿＿＿＿＿＿。（以……+〈动词〉）

2. A：你找到那个公司了吗？
   B：没有，我都把五道口找遍了，就是找不到那家公司。
   A：你问问别人啊，好好的一家公司不可能就这么不翼而飞吧。
   B：问了，＿＿＿＿＿＿＿＿＿＿＿＿＿＿＿＿＿＿。（……来……去）

3. A：孩子经常在墙上画来画去，该怎么办呢？
   B：你的孩子吗？
   A：不是，我姐姐的孩子，我姐姐和姐夫对孩子在墙上画画儿意见不一致，我姐姐觉得应该管管，可是我姐夫觉得不应该限制孩子，＿＿＿＿＿＿＿＿＿＿＿＿＿＿＿＿＿＿＿。（以致）
   B：我看还是应该引导孩子在纸上画。

4. A：听说西单商场降价，我们去看看？
   B：我不去凑那个热闹。
   A：怎么了，对打折不感兴趣？
   B："五一"节一到，＿＿＿＿＿＿＿＿，打折多了也就没什么吸引力了。（纷纷）

5. A：听说这本书最近卖得很火。
   B：是啊，这本书是作者对中国外交的一些回忆。
   A：很吸引人吧。
   B：对，书中很多故事＿＿＿＿＿＿＿＿＿＿＿，所以读起来感觉很新鲜。
   （不为……所+〈动词〉）

6. A：我妈妈说暑假带我去泰国玩儿。
   B：你真幸福，每个假期都出去玩儿。
   A：怎么，你不去旅游吗？
   B：＿＿＿＿＿＿＿＿＿＿＿＿＿＿＿＿＿＿＿＿＿＿＿＿。
   （不要说……，只要……，就……）

7. A：听说小李回国了，你见到他了吗？
   B：见着了，昨天他到公司了。

A：怎么样，他有变化吗？

B：又黑又瘦，_____。（简直）

8. A：这个城市给我的印象很好。

B：嗯，这个城市的风景的确很美。

A：生活在这个城市一定非常舒服。

B：也不一定，_____。（从……来说）

六 选择填空

1. 我的车子不知道被谁偷走了，_____。
   A. 我以致不得不每天步行上班
   B. 以致我每天不得不步行上班
   C. 以致不得不我每天步行上班
   D. 每天我以致不得不步行上班

2. 这次出差时间太紧张了，_____。
   A. 以致没有时间跟朋友们见面
   B. 于是没有时间跟朋友们见面
   C. 至于没有时间跟朋友们见面
   D. 造成没有时间跟朋友们见面

3. 在一个朋友聚会上，他遇到了玛丽，没想到在这种_____遇到她，他真有点儿不知所措。
   A. 情景
   B. 场面
   C. 场合
   D. 景象

4. _____，是一笔巨大的无形资产。
   A. 诚信对于企业来说
   B. 企业对于诚信来说
   C. 企业从诚信来说
   D. 从诚信企业来说

5. 我们家小明啊，别说帮我做家务，_____。

    A. 只要能照顾好自己，我就很高兴了

    B. 只要能把家里的活儿都干好，我就很高兴了

    C. 只要能照顾好他自己，他就很高兴了

    D. 只要能把家里的活儿都干好，他就很高兴了

6. 步行对我来说，_____。

    A. 简直是一种交通方式

    B. 简直是交通方式之一

    C. 简直是一种还算快乐的旅行

    D. 简直是一种快乐的旅行

7. 运动是生命的源泉，_____。

    A. 步行却是世界上最好的运动

    B. 但步行是世界上最好的运动

    C. 不过步行是世界上最好的运动

    D. 步行则是世界上最好的运动

七 连句成段

1. A. 看着一天天胖起来的身材，我有一种又恨又怕的感觉

   B. 几天后，习惯成自然，发现步行竟然有那么多好处

   C. 怕的是行动迟缓，很难与年轻人竞争

   D. 于是决定改掉晚起的习惯，每天步行上下班

   E. 恨的是最近几年吃得多、运动少，本来健康的身体不知不觉中一天天胖了起来

   _____

2. A. 也就是说，产品不是靠推销人员介绍，而是靠它自己在货架上作自我介绍

   B. 超级市场、购物中心等商业企业中所采用的销售方式与传统销售方式不同，多为自助性销售

   C. 因此产品包装，尤其是人们尚不了解的新产品的包装就成为销售过程中特别重要的因素

D. 包装既要能吸引顾客又要能通过上面的图文对产品进行描述，使顾客注意到产品，了解产品，给顾客以信心

E. 这样才能最终实现产品的销售

3. A. 因而，及时获得各种信息，才能有效地处理工作和生活中的种种问题。阅读报纸（还有收听广播和收看电视），是获得信息的重要方法

B. 在现代化的社会中，人们经济活动和社会活动的范围日益广阔，各种联系更加频繁，生活节奏也在加快

C. 人们通过阅读和收听收看，能够了解政治、经济、文化、科学技术和社会生活的新情况、新动向和新的发明发现，以及各行各业发生的新问题、创造的新经验

D. 人们可以据此来审时度势，增强决策的科学性和预见性，可以借鉴别人的成功经验，来解决自己工作中的问题

E. 还会从别人的思路中得到启示，发展自己的想象力和创造精神

八 根据课文内容回答问题

1. 为什么说步行是轻松自在的？
2. 为什么说步行可以培养我们发现美的眼睛和心灵？
3. 为什么说步行是世界上最好的运动？
4. 为什么说步行是一种快乐的心灵之旅？
5. 为什么说步行具有深厚的社会意义？

九 课堂讨论

1. 谈谈你对步行的看法。
2. 你对什么运动感兴趣？这种运动有什么好处？

十 应用练习

调查一下中国人上下班使用什么交通工具，以及他们对这种交通方式的看法。

扩展阅读

（一）双脚走出健康路

我是一名中学教师，年近花甲，但身体健康，思维敏捷，头发乌黑，耳聪目明。不知情者常把我这位耳顺之人误视为知天命之年，当我亮出"庐山真面目"时，对方莫不惊诧，自然问起"年轻"的秘诀。我随即风趣地回答，我是"走"出来的。

不骑车子专步行

走路是锻炼身体的一种有效途径。因此，我利用每日往返吃饭的时间，走路健身。家距学校2里路，每日三餐往返，可走12里。不管天晴下雨，长期坚持不懈。

不住一楼住二楼

在分配住房时，学校领导从照顾老年教师方面考虑，让我住在一楼，可我偏要住在二楼。领导皱眉，待我说明情况后，领导高兴地同意了。上下楼梯也是强身健体的好方式。据科学家研究，每日上下楼梯10级/次，生命可延长4秒。

不走平路上"高山"

为了充分利用"上山"锻炼的有利条件，我还利用去厕所的机会，上下教学大楼的楼梯。三层教学大楼共有72级台阶，去时从西边上一次，到东边下一次；回来时从东边上一次，西边下一次。充分利用环境的有利条件，在生活中锻炼，其乐融融。

敏捷 mǐnjié
agility

庐山真面目
Lú Shān zhēn miànmù
truth about a person or matter

坚持不懈
jiānchí bú xiè
unremitting

其乐融融
qí lè róngróng
enjoyable

阅读后判断正误(正确的画"✓"，错误的画"×")

（　）1. 作者看起来比实际年龄要年轻得多。

（　）2. 作者每天走路上下班。

（　）3. 分配房子时，领导让作者住在二层。

（二）运动与健康

"你想健美吗？那就运动吧！"

体育运动对于每个人的健康非常重要，生命在于运动。运动可使你体格强壮，体形美观，也可以缓解学习、工作的疲劳；同时，运动还能加快体内新陈代谢，增强吸收功能，使人精力充沛、体力旺盛。运动可使心中积聚的不快和社会压力得到宣泄，对预防现代文明病有很大的功效。

运动可以增强机体对疾病的抵抗力，预防和治疗疾病。大家都知道糖尿病是当今比较难治的一种疾病，它有许多并发症：冠心病、周围神经炎、高血压等。运动可以产生自身胰岛素，可以少吃药，运用自身的作用来治疗糖尿病。

运动的核心是心脏的健康，通过运动，我们的心脏供血功能得到很大的加强。实验证明，一个经常运动的人比不运动的人心脏供血能力强，在紧急情况下潜力大。

现在人们的生活水平不断提高，大家也越来越追求高水平的生活质量。生活质量的提高首先应是身体健康，那么如何提高健康水平呢？运动是主要的手段，所以运动越来越被人们所接受。济南华山脚下石门有一位老大爷，八十岁了身体还是很硬朗，这与他经常参与运动有很大的关系。老人每天都坚持爬山，有时还参加文化活动，还能唱上两句京剧，当唱到高音时仍能顶上去。

那我们又如何运动呢？当然我们不需要像运动员一样训练，只要能增强我们的体质、使我们的运动量保持在工作量的2.5倍便可以。首先，选择一个空气清新、安全的地方。在北京曾有位老人天天坚持跑步，身子骨很好，但是有一天突然得了肺癌去世了。大家都很惊讶，结果发现他是在公路上运动，车辆很多，空气很混浊，因此得病而亡。其次，根据自己的身体情况及具体的环境来运动，例如打篮球、跳绳等，如果有条件还可以学太极拳等一些传统体育，随时随地可以运动。再者，如何来确定运动量呢？运动也有个强度，如果没有强度就没有效果，训练时心率最好保持在每分钟120次左右，每次训练时间30分钟。我们一般

缓解　huǎnjiě　alleviate

新陈代谢　xīn chén dàixiè　metabolism

宣泄　xuānxiè　catharsis

糖尿病　tángniàobìng　diabetes

潜力　qiánlì　potential

硬朗　yìnglang　hale

混浊　hùnzhuó　turbid

人平均心率为 75 次，120 次很容易达到。每周要运动 3~5 次，这样才不会使原有的水平降下来。在运动过程中要进行深而长的呼吸，以鼻式呼吸为主，以嘴呼吸为辅。

现代社会应将体育运动生活化，把它看得跟吃饭睡觉一样重要。如果你想健康就运动吧，有了健康就等于有了一切，让我们行动起来积极参加全民健身运动。

阅读后回答问题

1. 运动有哪些好处？
2. 如何提高健康水平？
3. 我们应该如何运动？

5 海尔的美国之路

课文导入

一、听短文（第一遍）回答问题

1. 海尔公司为什么请贾迈尔担任总经理？
2. 贾迈尔如何使海尔进入了沃尔玛超市？

二、听短文（第二遍）填空

张瑞敏是中国海尔公司的老板，1999年他决定在美国_____海尔贸易公司。他认为，美国海尔公司要想成功，首先要使海尔的公司文化能够得到美国职员的_____。因此，海尔决定请美国当地人来管理美国海尔。_____，贾迈尔成了美国海尔公司的总经理。

贾迈尔希望海尔的产品能够进入沃尔玛，可是沃尔玛的老板对海尔并不_____。于是贾迈尔决定先使海尔产品进入沃尔玛周围那些比较小的超市，在_____中产生影响，从而_____沃尔玛。他的这一计划取得了成功，海尔的产品进入了美国各大超市，这_____海尔进入了美国的主流市场。

三、讨论

一个产品要想在市场上取得成功，最重要的因素有哪些？为什么？

课文

海尔的美国之路

美国海尔贸易有限公司总裁贾迈尔曾经说："我爱海尔，它带给我永远创新的精神。"一个销售额60亿美元的著名经销商曾经主动拜访贾迈尔，有意邀请贾迈尔为他们工作。贾迈尔回答说："我原本是一个小经销商，要不是因为海尔，我连见到你都是不可能的事。"

贾迈尔原本是美国一家家电公司的老板。1995年，贾迈尔决定到中国找一家质量过硬的工厂。他在机场看到了海尔的广告，就特地去青岛拜访。海尔给他的第一印象是，厂里整齐干净，工人们都很忙。在美国，大名鼎鼎的家电公司是GE、惠而浦，当时那里的人们甚至连Haier这个词怎么念都不知道，而且海尔只能提供50升、76升和110升三种规格的小型冰箱。"我们为什么选择了在国际上默默无闻的海尔？"贾迈尔说，"因为这是一个机会，一张白纸可以画出最美丽的图画。"事实表明他的选择是正确的，1998年，贾迈尔的公司销售额已超过2000万美元。

海尔的美国之路 5

1 海尔　Hǎi'ěr　（专名）　Haier　中国一家家电公司。

2 有限公司　yǒuxiàn gōngsī　Ltd.; limited company　股份有限公司的简称。

3 总裁　zǒngcái　（名）　president; general manager　公司最高管理人员或总经理。

4 贾迈尔　Jiǎmài'ěr　（专名）　Jemal　人名。

5 创新　chuàngxīn　（动）　innovate　抛开旧的，创造新的。（名）innovation　创造性；新意。

6 销售　xiāoshòu　（动）　sell　出售。

7 额　é　（名）　a specified amount　数量。
　　交易额；营业额

8 经销商　jīngxiāoshāng　（名）　dealer; franchiser　商家；商人。

9 有意　yǒuyì
（动）　have a mind to; be inclined to　有心思。
他们有意购买我们公司的设备，只是价格让他们有点儿犹豫。
（副）　intentionally　故意。
他不是有意要伤害你，他这个人就是不太会说话。

10 要不是　yàobúshì　（连）　if it were not for　（口语）如果不是。表示假设关系。
要不是大家帮我，我怎么会有今天的成绩呢？
要不是你今天来，我才不这么早起床呢。

11 家电　jiādiàn　（名）　electrical home appliance　家用电器。

12 过硬　guòyìng　（形）　be really up to the mark; have a perfect command of sth.　经受得起考验或检查。
　　过硬的技术；过硬的质量

13 特地　tèdì　（副）　for a special purpose; specially　表示专为某件事。
听说这儿新开了一家博物馆，特地来看看，可是让人有点儿失望。
为了参加儿子的毕业典礼，她特地买了件大红色的衣服。

14 青岛　Qīngdǎo　（专名）　Qingdao　城市名。

15 大名鼎鼎　dà míng dǐngdǐng　（成语）　famous; well-known　很有名的。
　　大名鼎鼎的饭店

16 惠而浦　Huì'érpǔ　（专名）　Whirlpool　家电品牌名。

17 提供　tígōng　（动）　furnish; supply　供给。
　　提供产品；提供帮助；提供资料

18 升　shēng　（量）　litre　容量单位。

19 规格　guīgé　（名）　standards; specifications　产品质量标准。

20 冰箱　bīngxiāng　（名）　refrigerator　一种在低温下保存食物的电器。

21 默默无闻　mòmò wú wén　（成语）　unknown to public　没人知道。
他以前一直默默无闻，没想到一下成了冠军。

81

海尔集团董事局主席
兼首席执行官　张瑞敏

为了在美国把生意做大，海尔公司1999年决定成立美国海尔贸易有限公司。海尔总裁张瑞敏认为美国海尔的本土化最重要的一点是如何使海尔文化得到美国海尔人的认同。因此海尔没有采取从中国派人去的做法，而是请当地的美国人来经营当地的海尔。为了挖贾迈尔过来做总裁，海尔支付了很高的报酬。贾迈尔则为海尔挖来了不少美国专业人士。这种本土化的人才战略，最终使海尔在美国取得了了不起的成就。

美国公司建立后，张瑞敏一直在冥思苦想怎样才能真正进入美国的大门、进入美国的主流市场。海尔把重点放在了在美国最有影响力的大连锁店上。目的很简单：与国际名牌竞争，树立中国工业产品的品牌形象。

几年前，贾迈尔就希望海尔的冰箱能进入美国最大的连锁店沃尔玛，但这个愿望是难以实现的，沃尔玛的经理见都不想见他。在美国家电销售行业干了多年的贾迈尔，为如何推销消费者不熟悉的产品和品牌费尽心机。他

海尔的美国之路 5

22 张瑞敏　Zhāng Ruìmǐn　（专名）　海尔集团董事局主席兼首席执行官。

23 本土化　běntǔhuà　（动）　localize　外来事物为了适应当地情况而进行改变的过程。

24 如何　rúhé　（代）　how　（书面语）怎么；怎么样。
这个讲座的主要内容是告诉大家如何准备HSK考试。
如何赢得消费者对品牌的信任，是公司成败的关键。
我们关心的不是资金，而是观众对这个节目的反映如何。

25 认同　rèntóng　（动）　identify oneself with；approve of　认可支持。
获得认同

26 支付　zhīfù　（动）　defray；pay　付（钱）。
支付学费

27 报酬　bàochou　（名）　remuneration　作为回报付给别人的钱和物。

28 人士　rénshì　（名）　personage；public figure　有一定社会影响的人物。
著名人士；艺术界人士；专业人士

29 人才　réncái　（名）　person with ability；talent　有才能的人。

30 战略　zhànlüè　（名）　strategy　决定全局的政策。

31 冥思苦想　míng sī kǔ xiǎng　（成语）　contemplate；think hard　深沉地思考。
一进门，就看见父亲对着一盘棋冥思苦想呢。
每天这么苦思冥想的，也想不出什么主意，出去散散心吧。

32 主流　zhǔliú　（名）　mainstream　事物发展的主要或本质的方面。
主流社会；主流媒体

33 影响力　yǐngxiǎnglì　（名）　influence　影响的力量。

34 连锁店　liánsuǒdiàn　（名）　chain store　一个公司或集团开设的经营业务相关、方式相同的若干个商店。

35 树立　shùlì　（动）　establish　建立。
树立理想；树立形象

36 产品　chǎnpǐn　（名）　product　生产出来的东西。

37 品牌　pǐnpái　（名）　brand　商品的牌子；商标。

38 沃尔玛　Wò'ěrmǎ　（专名）　Wal-Mart　超市名。

39 难以　nányǐ　（副）　hard to do；difficult to　不容易；不易于。难以+〈动词〉。
我离开一年，这儿竟发生了这么大的变化，真是让人难以相信。
现在已经是十一月了，大家都要努力，否则今年预定的营业额难以完成。
根据现在的医学水平，这种病难以完全治好。

40 推销　tuīxiāo　（动）　market；promote sales　推广商品的销路。

41 费尽心机　fèijìn xīnjī　（成语）　rack one's brains　想尽办法。
为了战胜对手，他们真是费尽心机，可是最终又得到了什么呢？

的方法是"农村包围城市"。贾迈尔先让海尔进入了沃尔玛周围的五六家超市，从而使周围的消费者给沃尔玛施压。同时海尔的销售人员发现，沃尔玛公司门前有一块空地，公司老板每天都会开窗远望，于是他们在空地上正对老板办公室窗口的地方立起一块大大的海尔广告牌。这样一来，没过几天，沃尔玛的老板就让人去打听Haier，接下来贾迈尔的谈判就容易了。

使沃尔玛动心的产品之一是海尔专为学生设计的带活动台面的小冰箱。海尔在销售时发现，许多学生需要一种特别的冰箱，不仅要求体积小，而且还应该能当桌子用，于是迅速开发了这种带活动台面的小冰箱，很受大学生的喜爱，销售量不断提高。后来，在这个基础上，海尔又开发了带电脑桌的小冰箱。"当那些大学生长大结婚后，我们希望他们能够想起我们为他们专门设计的这种冰箱。"贾迈尔说。

随后，张瑞敏在调查中发现，美国市场上销售的洗碗机一般都比较大，比较笨重。于是他让设计中心专门设计了一款全塑料的小型洗碗机。这款为独身者和大学生设计的洗碗机不但受到顾客的欢迎，而且使海尔产品顺利地进入了当时美国第二大连锁店——西尔斯。

虽然成功地进入了美国市场，但是当时海尔有竞争力的商品无非是些低利润产品。海尔要发展其高利润产品，就必须改变中国企业低价供应商的形象。为树立企业形象，海尔投入了它最大的一笔广告——花1400万美元买下了一座纽约标志性建筑，作为办公楼和展示大

海尔吉祥物

海尔的美国之路

42 包围　bāowéi　（动）　encircle　从四周围住。

43 超市　chāoshì　（名）　supermarket　超级市场。

44 从而　cóng'ér　（连）　thus; thereby　表示结果或目的。用在后一个小句的开头，上句是原因、方法等，下句是结果、目的等。
经过多年研究，他们终于找出了这种病的原因，从而为彻底治好这种病创造了条件。
练习瑜伽不仅可以强身健体，而且帮助排汗，从而达到减肥的目的。

45 施压　shīyā　（动）　exert pressure on sb.　施加压力。

46 空地　kòngdì　（名）　open ground　空着的地方。

47 这样一来　zhèyàng yì lái　because of that　（插入语）表示由某一事件引起的结果。
昨天老张有事请假了，这样一来，我们肩上的担子就更重了。
这段时间他把所有的精力都花在这个计划上，这样一来，家里的事只好全由妻子负责了。

48 动心　dòngxīn　（动）　have one's interest aroused　思想感情发生波动。
老板又把价钱降了一百，我有点儿动心了。

49 专　zhuān　（形）　special　专门。
这个蛋糕是专为你买的，我们都不吃甜的。

50 台面　táimiàn　（名）　table-board　桌面。

51 体积　tǐjī　（名）　volume; bulk　物质或物体所占空间的大小。

52 开发　kāifā　（动）　develop　发现或发掘人才、技术等。
开发新产品；开发旅游业

53 随后　suíhòu　（副）　soon afterwards　表示紧接某种情况或动作之后。
今天是晴天，随后两天的气温会下降，出现降雨。
他在机场接受了记者的采访，随后乘车前往北京饭店。

54 笨重　bènzhòng　（形）　heavy; ponderous　庞大沉重。

55 塑料　sùliào　（名）　plastics

56 独身　dúshēn　（动）　single; unmarried　单身一人，有时特指成年人没有结婚。

57 西尔斯　Xī'ěrsī　（专名）　Sears　美国的一家百货公司。

58 无非　wúfēi　（副）　no more than　只；只不过是。
她大学毕业后的第一份工作是在政府机关当秘书，无非就是打打字、接接电话什么的。
人活着，无非是两个问题：为什么活？怎么活？

59 利润　lìrùn　（名）　profit　生产、交易等的赢利。

60 供应　gōngyìng　（动）　supply　供给所需的财物。

61 供应商　gōngyìngshāng　（名）　supplier; provider　提供产品的商家。

85

厅。这一行动既是为了使美国市场进一步了解海尔品牌，同时也是为了表示海尔对美国市场的承诺。

目前，海尔的各种产品已经成功进入了美国十大连锁店，海尔在美国50个州建立了国际化服务中心。这意味着当初默默无闻的海尔进入了美国的主流市场。2001年4月5日，美国海尔员工创造了具有历史意义的事件，美国政府将美国海尔工厂前的大街命名为"海尔路"。这是美国唯一一条以中国企业品牌命名的道路，它标志着美国海尔从本土化出发的战略获得了成功，"海尔"品牌已经得到了当地人和当地政府的肯定。

(原作：胡泳)

美国的海尔大厦

海尔美国制造基地

62 进一步 jìnyíbù （副） further 指事物的进展在程度上比以前提高。

他想去中国留学一年，进一步提高自己的汉语水平。

这件事我们还要进一步研究。

63 承诺 chéngnuò （动） promise 对某项事务答应照办。

64 州 zhōu （名） state 中国古代的一种行政区划。本课指的是美国联邦内部的成员州。

65 国际化 guójìhuà （动） internationalize 为适应国际需求而进行的改变。

66 意味着 yìwèizhe （动） imply 表示某种含义。

失败并不意味着我们能力不行，只是说明我们还得更加努力。

67 员工 yuángōng （名） employee 职员和工人。

68 事件 shìjiàn （名） event 大事情。

69 命名 mìngmíng （动） name 起名字。

70 唯一 wéiyī （形） only 只有一个。

跨越篇·第一册

练习

一 朗读

1. 朗读下面的词语

主动拜访　质量过硬　大名鼎鼎　最美丽的图画　事实表明

支付了很高的报酬　本土化的人才战略　主流市场

最有影响力的大连锁店　与国际名牌竞争

树立品牌形象　见都不想见他　这样一来　国际化服务中心

2. 朗读下面的句子，注意停顿和语调

（1）一个销售额60亿美元的著名经销商曾经主动拜访贾迈尔，有意邀请贾迈尔为他们工作。

（2）要不是因为海尔，我连见到你都是不可能的事。

（3）这是一个机会，一张白纸可以画出最美丽的图画。

（4）事实表明他的选择是正确的，1998年，贾迈尔的公司销售额已超过2000万美元。

（5）美国海尔的本土化最重要的一点是如何使海尔文化得到美国海尔人的认同。

（6）张瑞敏一直在冥思苦想怎样才能真正进入美国的大门、进入美国的主流市场。

（7）贾迈尔先让海尔进入了沃尔玛周围的五六家超市，从而使周围的消费者给沃尔玛施压。

（8）使沃尔玛动心的产品之一是海尔专为学生设计的带活动台面的小冰箱。

（9）虽然成功地进入了美国市场，但是当时海尔有竞争力的商品无非是些低利润产品。

（10）美国海尔员工创造了具有历史意义的事件，美国政府将美国海尔工厂前的大街命名为"海尔路"。

二 参考语素的注释和例句，理解新词语并选择填空

1. 销售

　　→[销]：卖掉；售出　sell

　　例：这种新款手机销售得并不理想。

推销／展销／经销／销路

(1) 一进大厅，就碰上一位年轻的先生向我们_____他们生产的化妆品。

(2) 为了生活，他开了一家小店，_____各种日用品。

(3) 这是我们今年刚刚推出的新产品，目前_____很好。

(4) 每年四月我们都会举办一个春季商品_____会。

2. 影响力

　　→［力］：力量；能力　power; strength; ability

　例：姚明是中国在国际上影响力最大的运动员。

视力／理解力／记忆力／竞争力

(1) 寒假期间，由于不注意用眼卫生，不少学生的____有不同程度的下降。

(2) 我们并不是希望孩子成为钢琴家，而是想通过音乐培养她对美的_____。

(3) 我们的产品成本很高，在市场上没有_____。

(4) 我现在的_____越来越差，昨天的事，今天就想不起来了。

3. 体积

　　→［积］：乘法运算中两个以上的数相乘所得到的数　product of two or more numbers multiplied

　例：由于体积太大，我们只好暂时放弃把这块大石头运走的计划。

面积／容积／乘积

(1) 2005年城镇人均住房建筑_____将超过26平方米，比2000年提高6平方米。

(2) 这两个杯子的_____相等。

(3) 3和7的_____是21。

三　辨析近义词，并用括号中的词语完成句子

1. 提供　供应

　　"提供"的宾语可以是具体的，也可以是抽象的，如"物资、条件、意见、资料"等；"供应"的宾语通常是具体的生产生活所需要的物质。

例：我们正在建设多条地铁，为市民出行提供便利条件。

我们的生产原料一直是由上海的一家公司供应的。

(1) A：那儿发生地震后，你们做了些什么工作？

B：我们正在筹集资金，_____。（提供）

(2) A：现在肉的价格越来越高了。

B：_____，价钱当然会涨上去。（供应）

2. 这样一来　于是

"这样一来"更强调后一情况是由前一情况引起的，后边的事情通常是一种客观情况，不是主观决定；"于是"更强调后一情况承接前一情况发生，后边的情况可以是客观事实，也可以是主观决定。

例：为了养家糊口，他不得不利用业余时间打工，这样一来，他在家的时间更少了。

他希望利用这个假期练练口语，于是报名参加了一个辅导班。

(1) A：我没想到她会到上海来。

B：是啊，我也没想到她会到这儿来工作，_____，_____。（这样一来）

(2) A：你为什么放弃了原来的工作？

B：去年我爱人在广州办了个公司，找不到可靠的人帮他，_____。（于是）

3. 从而　因此

"从而"表示结果或进一步的行动，其主语通常是前面小句的主语，前面的小句通常是后一小句中的情况实现的基础、条件或手段；"因此"只表示结果。

例：技术上的进步使生产效率进一步提高，从而使商家获得更多的商业利润。

再先进的发明也会被超过，因此我们必须不断创新。

(1) A：我看他现在情绪很不好。

B：他必须使自己从失败中走出来，_____。（从而）

(2) A：你昨天才从泰国回来？

B：是啊，我本来只打算待两个星期，可是_____，_____。（因此）

海尔的美国之路 5

四 根据例句，用指定词语完成句子

1. 大名鼎鼎

   例：我跟她是初中同学，可是她现在是<u>大名鼎鼎</u>的歌手，我们很少有联系。

   A：刚才演讲的那个人是谁？他的口才不错啊。

   B：你不认识他？_____。

2. 冥思苦想

   例：他把自己关在屋子里，<u>冥思苦想</u>了一天，终于拿出了一个大家都可以接受的方案。

   A：论文做得怎么样了？

   B：_____，有些地方还是觉得不太满意。

3. 费尽心机

   例：他为了让孩子能把心思放在学习上，真是<u>费尽了心机</u>。

   A：差不多所有的减肥产品他都用过了。

   B：是啊，_____。

4. 默默无闻

   例：经过了三年的努力，它已经从一家<u>默默无闻</u>到小厂发展成为一家国内著名的大企业。

   A：这个牌子的服装现在好像挺有名的。

   B：是啊，_____。

五 用括号里的词语完成对话

1. A：你的工作找得怎么样？

   B：不太顺利，_____，可是都没有定下来。（有意）

   A：别着急，你这么优秀，一定会找到一个理想的工作。

2. A：麦克，你假期回国吗？

   B：回，我已经两年没有回家了。

   A：一定很想家吧。

   B：是啊，_____，我早就_____。（要不是）

3. A：你这条项链好像跟那天电视剧里看到的一模一样啊。

   B：怎么样，漂亮吧？

   A：是很漂亮，你是在哪儿买的？

   B：_____。（特地）

4. A：对这次比赛，您有什么看法？

   B：从实力上来看，我认为我们完全能够进入前三名。

   A：对夺取冠军有多大把握？

   B：夺取冠军希望不大，北京队的实力太强，_____。（难以）

5. A：这次事故发生后，你们公司都做了哪些工作？

   B：首先当然是进行补救，把损失减少到最低。

   A：听说你们现在已经停产了。

   B：是的，我们已经停产了，正在对工人进行教育，我们必须提高工人的安全意识，_____。（从而）

6. A：现在很多家长上班都挺忙的，孩子们放学以后没人管。

   B：对，所以我们小区的老人们自发办起了小饭桌，孩子们放学以后到老人们家里吃饭、写作业，_____，_____。（这样一来）

7. A：你最近忙什么？

   B：没忙什么，_____。（无非）

8. A：合同的事情谈得怎么样了？

   B：原则问题已经达成了一致意见，_____。（进一步）

六 选择填空

1. 要不是你给我打电话，_____。

   A. 我才知道今天下午开会

   B. 我就知道今天下午开会

   C. 我还不知道今天下午开会

   D. 我却不知道今天下午开会

92

2. 贾迈尔的公司1998年销售额超过了两千万美元，_____。

   A. 由此可见他的选择是正确的
   B. 从而可见他的选择是正确的
   C. 因而可见他的选择是正确的
   D. 从此可见他的选择是正确的

3. 贾迈尔希望海尔冰箱能够进入沃尔玛，_____。

   A. 但是这个愿望是好不容易实现的
   B. 但是这个愿望是不易实现的
   C. 但是这个愿望是很为难的
   D. 但是这个愿望是很难为的

4. 你的成绩完全达到了我们的要求，_____我们决定录用你。

   A. 从而
   B. 这样一来
   C. 因此
   D. 从此

5. 她们俩一见面就有说不完的话，说来说去，_____。

   A. 除非是张家长李家短的闲事
   B. 无论是张家短还是李家长的闲事
   C. 无非是张家长李家短的闲事
   D. 并非是张家长李家短的闲事

七 连句成段

1. A. 是美国、日本等发达国家的3倍
   B. 也远高于印度、墨西哥等发展中国家
   C. 现阶段中国外贸依存度已达60%
   D. 这说明中国已在很大程度上参与了国际分工，提高了资源配置的效率
   E. 但同时也加大了中国经济对外依赖的程度

   _____

2. A. 但是，也从一个方面反映了父爱对于孩子成长的重要性
   B. 当然这个研究结果也许有些极端

C. 曾有一位心理学家对这个问题进行研究，结果表明：女孩子缺乏父爱则数学不好，而男孩子缺乏父爱会产生情感障碍

D. 他们把辅导孩子作业、参加孩子学校的家长会以及对孩子的品德教育等都推给母亲，自己则忙于工作，对孩子的许多情况都不了解

E. 做父亲的常常认为抚育孩子是妈妈的事，而忽略了自己做父亲的责任

3. A. 发牢骚，是社会转型时期人们思想观念和心理活动的一种表现，是一种复杂的社会心理现象

B. 它是社会经济、政治、文化等综合作用的产物，有着深刻的社会原因

C. 应当说，出于对自身和国家集体利益的关切，或是纯粹对于社会某种不合理行为、现象的不满，发发牢骚自有其合理及符合实际的一面

D. 例如对通货膨胀、分配不公、假冒伪劣及各种腐败现象不满，因而发发牢骚，情有可原

E. 可是也有许多牢骚是由于人们人生阅历、社会经验、知识水平、认识角度等的局限，产生的较偏激的认识

八 根据课文内容回答问题

1. 贾迈尔是什么人？
2. 贾迈尔为什么选择了海尔？
3. 海尔为什么选择了贾迈尔？
4. 贾迈尔如何使海尔进入了沃尔玛？
5. 海尔的洗碗机是如何进入西尔斯的？
6. 海尔应该如何发展高利润产品？它是怎么做的？
7. 什么事件标志着美国海尔得到了当地人和当地政府的认同？

九 课堂讨论

1. 谈谈你所知道的中国公司。
2. 你认为一个公司要想成功进入外国市场最重要的是什么？

十 应用练习

了解并介绍一个中国公司，或者介绍一个外国公司在中国的情况。

扩展阅读　（一）从"爱普生中国"到"中国爱普生"

　　本地化是跨国企业进入某国市场的必由之路。一个国际品牌要进入中国市场，就一定要本地化，很多跨国公司从进入中国市场时就开始了其本地化工作。这些本地化工作表现在其产品本地化、服务本地化，以及人员管理的本地化。企业最基本的本地化是对产品的本地化，因为产品是对市场投石问路的"石头"，比如软件的汉化、服装的再加工、营销策略的本地化……而跨国企业在中国成熟的一个重要标志则是中国本地化经理人的日益增多。

　　爱普生是一个立足全球市场的国际化企业，但爱普生一直坚信做得好的国际化企业一定是本地化最彻底的企业。因此，自1985年正式进入中国市场以来，爱普生始终坚持着本地化的战略并逐步推进产品、市场、人才等各个层面的本地化。经过多年的积累，爱普生的中国员工逐渐成长起来，在公司中扮演着越来越重要的角色，也越来越深层次地参与到公司的决策中去。这标志着爱普生公司在中国多年的发展，已经取得了非常卓著的本地化成果。

　　与许多外国企业不一样，爱普生一进入中国，就将人才的本地化列为公司发展的首要任务，并采取了"轮岗制"等独具特色的管理方法以实现人才的本地化。

　　任何人在工作中都需要挑战和新鲜感，在一个岗位太久，就会形成惰性，而轮岗制则会使人对工作充满新鲜感。任何比较大的企业都会面临部门与部门、人与人之间的信息交流和相互协作的问题，然而，没有切身的体会是很难做到换位思考的，轮岗制正是解决这个问题的良药。经过不同岗位的锻炼才能全面了解公司的业务和发展，也才能了解各个部门的工作环节，从而促进协作，提高效率。同时，一个人在一个岗位上有了一定的工作经验后调到其他的岗位上，对许多问题就会有新的看法和认识，能够提高对工作的分析能力和内部沟通协调的能力。

爱普生　Àipǔshēng　Epson

跨国企业　kuàguó qǐyè　multinational corporation

策略　cèlüè　tactic

扮演　bànyǎn　act
决策　juécè　decision-making

岗位　gǎngwèi　post

切身　qièshēn　personal

协调　xiétiáo　coordinate

轮换	lúnhuàn
	take turns
凝聚力	níngjùlì
	cohesion

    爱普生的岗位轮换制一般是两年左右轮换一次，这样长期坚持下来，公司的员工从不同的角度加强了对公司业务和企业文化的理解，提高了整个公司的效率并形成了非常强的凝聚力。

    为了确保轮岗制是一种"稳定的流动"，也就是避免这种轮换给公司业务造成损失，爱普生也建立了一系列的制度来保证这种"动态平衡"，比如说目标管理制度和项目管理制度。通过明确的目标管理来控制工作的结果，通过严格的项目管理控制工作的过程，从而达到公司和员工的双赢。

    1998年7月爱普生（中国）有限公司成立以来，爱普生加快了本地化的脚步。在深入推行产品和市场营销本地化的过程中，也为许多员工的成长创造了机会。许多目前的业务骨干和管理人才经过在很多技术、产品、销售等业务层面轮岗的锻炼，包括到外地办事处负责地方市场的开拓，成为了非常优秀的管理者，并逐渐承担起更多的管理职责。

骨干	gǔgàn
	backbone; mainstay
承担	chéngdān
	take on; assume
贴近	tiējìn close

    "人才的本地化是最坚实的本地化"，随着中国员工担负起越来越重要的职责，爱普生的管理和营销模式将会更贴近中国市场。而爱普生的本地化战略也必将在市场、销售各方面结出硕果，真正实现国际企业、本地经理的本地化目标。这也正是爱普生实现它从"爱普生中国"到"中国爱普生"的必由之路。

阅读后回答问题

1. "爱普生中国"和"中国爱普生"有什么不同？
2. 本地化表现在哪些方面？最重要的是哪个方面？
3. 爱普生为什么采取"轮岗制"方法？"轮岗制"是什么样的方法？

（二）科技改变生活

科技的进步改变着人们的生活方式。随着电脑的普及以及互联网的日趋完善，越来越多的广东汕头人，特别是年轻的消费者青睐于网上购物。他们安坐家中，通过鼠标便足不出户地购买商品。

一位汕头大学的女学生告诉记者，她之所以喜欢上网购物，是因为这种方式方便快捷，省时间，轻点鼠标便可货比三家，根本不必担心舟车劳顿。

对于追求新奇、品位、小资情调的白领一族来说，上网购物最吸引人的还是能买到在本地市场难以觅到的商品。

"我的手机是从网上购得的，"蔡小姐得意地对记者说，"这个款式，我在汕头普通的手机店里找不到。"原来蔡小姐用的是C网的手机，因为普及率不是特别高，本地商家一般不敢多进货，有些款式很难发现。

网上购物之所以吸引人们的眼球，当然还因为商品价格的低廉，像一些在专柜里要卖上千元人民币的名牌化妆品、服装，有的以一半的价格就能在网上买到。

据业内人士介绍，网上销售是低成本经营的典范。由于电子商务的经营成本与卖场比较起来，少了店面租金及大量人工费用的支出，又省去了多级销售渠道，因此可以使消费者得到更优惠的价格。

网上购物受到汕头人的喜爱，还有一个原因是其全天无限制购买。服装店、商场总有关门休息的时候，而在网上购物，即便半夜三更穿着睡衣，喝着茶，吃着宵夜也能买东西。

为了迎合消费者喜好的转变，汕头市不少商家在网上开设了自己的门店，设立网上产品展厅，搭建网上购物平台，既有时装服饰、美容化妆，也有数码产品、家用电器、汽车及其配件、婚庆用品……

汕头本地一个网上商业街自开通以来逐渐取得了市民的信赖，现在已是门庭若市，每天到网上商业街看看已成为不少网民的生活习惯。

（原作：李怡青 李瑞丹）

汕头 Shàntóu Shantou, name of a city in China
青睐 qīnglài favour
鼠标 shǔbiāo mouse
舟车劳顿 zhōuchē láodùn exhausted by a long journey
小资 xiǎozī people who are well educated, have economic strength and pursue a life of quality, sentiment and style
情调 qíngdiào sentiment
觅 mì look for
低廉 dīlián cheap
渠道 qúdào channel

阅读后判断正误（正确的画"✓"，错误的画"×"）

(　　) 1. 那位大学女生喜欢上网购物，是因为这种方式方便省时。

(　　) 2. 白领们更喜欢上网购物，主要是因为商品价格低。

(　　) 3. 在网上购物的人们也经常去一条商业街上找一些网上没有的东西。

6 我用石头砸开了 IBM 的门

课文导入

一、听短文（第一遍）回答问题

1. 作者为什么觉得自己不属于 IBM？
2. 经理为什么录用了作者？

二、听短文（第二遍）填空

那天我工作_____后，来到一家发廊。我把头发染成了金黄色。正在这时，我接到了 IBM 公司面试的_____。我连忙让理发师把我的头发又染成了黑色。

我_____换衣服，穿着工作服就赶到 IBM 公司，可是已经迟到了。看着穿着西服的男士们，我突然觉得我不_____这里。这时一个女孩儿过来把我领到了会议室，她让我把会议室的灯修好，原来她_____把我当成了修理工。

面试开始了，我先_____了迟到的原因。面试我的经理开始问我对现在工作的看法，我告诉他我在一家公司实习。也不知为什么，我竟拿出一块石头给他讲我现在所做的工作。

当我_____地开始在 IBM 工作以后，我问经理为什么录用我。他告诉我，是因为我对工作的_____，以及我的诚实。

三、讨论

你觉得面试时需要注意什么？

课文

我用石头砸开了IBM的门

接到IBM面试通知时，已经是我送出简历后的第三个星期了。我正在一个小县城出差。

当时我在一家激光公司实习，负责机器的安装和调试。购买我们机器的工厂大部分都在小县城，这次也不例外。工作结束那天，我们先是找地方好好吃了一顿，然后去一个小发廊里洗头，放松放松。理发师建议我把头发染染颜色，我看价格不贵，也很时髦，就选了种金黄色的。

头发刚染好，我的电话响了，看号码似乎是IBM公司的。我一把扯下胸前的白布，紧张地跑出去接电话。IBM秘书小姐通知我第二天下午五点到IBM公司面试。我开始傻笑，冲回发廊，指着刚染的金发大叫："快给我把头发染回去！染黑！染黑！"头发一弄完，我就赶快买了车票往回赶。

第二天，我下了火车直接来到IBM公司大楼，发现男士们都穿着很正式的西服。而我是工作服，牛仔裤，白色运动鞋，大大的工具包，特别是头发，长得可以挡住眼睛。我突然觉得我不属于这里，巨大的压力让我觉得自己矮小了许多。

正当我不知所措时，面前出现了一个漂亮的女孩儿，她甜美的声音指引着

我用石头砸开了IBM的门

1. 砸 zá （动） smash; break　用沉重的东西撞击。
2. 面试 miànshì （名） interview　对应试者进行当面考查测试。
   参加面试
3. 简历 jiǎnlì （名） resume　简单的履历。
4. 县城 xiànchéng （名） county seat　县级行政机关所在地。
5. 激光 jīguāng （名） laser　某些物质原子中的粒子受激发而发出的光。
6. 实习 shíxí （动） practise(what has been learnt)　把学到的东西拿到实践中去应用。
7. 安装 ānzhuāng （动） install　把机械或器材固定在一定的位置。
   安装机器；安装设备
8. 调试 tiáoshì （动） put to a preliminary test　调节试验。
   调试机器
9. 发廊 fàláng （名） barbershop; hairdresser's　理发、美发的店。
10. 放松 fàngsōng （动） relax　对事物的注意或控制由紧变松。
    放松心情；放松学习
11. 理发师 lǐfàshī （名） barber　做理发工作的人。
12. 染 rǎn （动） dye　用颜料着色。
13. 时髦 shímáo （形） fashionable　时尚的；流行的。
14. 金黄 jīnhuáng （形） golden　像金子一样的黄色。
15. 秘书 mìshū （名） secretary　掌管文书并协助负责人处理日常事物的工作人员。
16. 西服 xīfú （名） Western-style clothes; Western suit　西式服装。
    一套西服；一身西服
17. 工作服 gōngzuòfú （名） work clothes　因工作需要而特制的服装。
18. 矮小 ǎixiǎo （形） short and small　又矮又小。
    身材矮小
19. 不知所措 bù zhī suǒ cuò （成语） be at a loss; lose one's bearings　不知道该怎么办。
    我没想到会在这儿碰到她，一下子有点儿不知所措。
20. 甜美 tiánměi （形） pleasant; sweet　具有香甜可口的味道，常用于形容幸福愉快或声音柔和动听。
    声音甜美；笑容甜美
21. 指引 zhǐyǐn （动） guide　指示引导。
    指引方向

我："请走这边。"我迷迷糊糊跟着她走，顺着走廊拐弯，走路，再拐弯。终于她在一间会议室门口停下来，转过身，看着迷茫的我，指指天花板说："就是这两盏灯不亮，尽快把它们修好吧。"我的大脑一片空白。她看我没反应，关心地问："你怎么了？"

"我，我不是来修灯的，我是来面试的，请问S109房间在哪儿？"女孩儿没说话，疑惑地打量着我，可能她的确没有见过穿这身衣服来面试的。过了很久，她指了指对面的一间不大的会议室，"那间就是，上面有号的。"我忐忑不安地坐在面试的房间里。房间不大，圆桌上放了一杯刚泡的茶，显然面试我的人来过。

"不是通知你五点的吗？"对我进行面试的经理不知道什么时候从什么地方出现在我的面前。

我赶忙解释："真不好意思，我迟到了。我刚从外地出差赶过来，路上堵车，又没有来得及换西装。"

他很年轻，有些胖，灰色的西装，细条纹的领带，衬衣是雪白的有金属扣的那种。他手里拿着我的简历，面前放着一张白纸和一支笔，对我说："记得下次要准时，请坐。"随后他看着我的简历开始提问，并不断在纸上用英语记下我说的话。

我不记得我是如何回答他的问题的，但是有一点，我都是实话实说，因为我知道说谎的人记性要好，而我

22 迷糊　míhu　（形）confused; dazed; muddled　思想混乱或处于模糊状态。

23 顺　shùn　（动）along　沿着。
你顺着这条路一直往前走，就可以看到那家店了。
这只小小的纸船顺着河漂到了这里。

24 走廊　zǒuláng　（名）corridor　有顶的过道。

25 拐弯　guǎiwān　（动）turn round　改变方向走。

26 会议室　huìyìshì　（名）meeting room; conference room　开会的房间。

27 迷茫　mímáng　（形）confused; perplexed　模糊不清。

28 天花板　tiānhuābǎn　（名）ceiling　室内的天棚。

29 盏　zhǎn　（量）measure word for lamps　用于灯。

30 空白　kòngbái　（名）blank　没有填满或没被利用的地方。

31 疑惑　yíhuò　（动）puzzle　不理解；不明白。

32 的确　díquè　（副）indeed　确实。
我们公司的确生产过这种产品，不过现在已经没货了。

33 忐忑不安　tǎntè bù'ān　（成语）uneasy; fidgety　心里不安。
明天就可以看到成绩了，心里真是忐忑不安。

34 泡　pào　（动）soak　长时间浸在水中。

35 赶忙　gǎnmáng　（副）hastily　赶紧；连忙。
趁客人还没有来，我赶忙把房间收拾了一下。
一接到他的电话，我就赶忙跑来了。

36 西装　xīzhuāng　（名）Western suit　西服。

37 灰　huī　（形）grey　灰色。

38 条纹　tiáowén　（名）stripe　条形花纹。

39 领带　lǐngdài　（名）tie; necktie　服装饰物的一种。
一条领带

40 雪白　xuěbái　（形）snow-white　雪一样的白色。

41 金属　jīnshǔ　（名）metal　具有光泽和延展性，容易导电、传热等性质的物质。

42 提问　tíwèn　（动）ask a question　问问题。

43 实话实说　shíhuà shíshuō　（成语）speak the plain truth　讲出真实情况。

44 说谎　shuōhuǎng　（动）lie　说假话。

45 记性　jìxing　（名）memory　记忆力。
记性不好

偏偏记性不是太好。一位朋友再三提醒过我面试时万万不能说谎，因为说谎是最不能让人接受的。我想我这次做到了。

在了解了我过去工作的大致情况之后，他问起我现在的情况。我说我在一家激光公司工作，我很热爱现在的工作。为了说明热爱的程度，我鬼使神差地从工具包里拿出一块大概6斤重的花岗岩放在他面前。那块石头有一本书那么大，是用来做激光测试的，黑色的一面有我用激光雕刻的画儿。

我跟他解释激光的形成、雕刻的方法，谈到测试激光时有意思的事情。

他一直都很有兴趣地听着，没有打断我。大概过了20分钟，等我说完了，最后他才说希望我保持旺盛的斗志和闯劲，做一个诚实的人。

我听他说完，赶紧说："还有个问题，我不是本地人，没有本地户口。"他笑着对我说，他自己也不是本地人。

两个星期过去了，我又一次接受面试。这一次面试我的是一位女士，看上去精明能干。幸亏我这次穿上了花不少钱买来的西服，好歹可以挡挡她犀利的目光。

46 偏偏 piānpiān （副）
(1) insistently; purposely do sth. in direct opposition to the objective requirement or situation　表示故意跟客观要求或客观情况相反。与"偏"用法一样，用在主语后。
明明是一件对双方都有好处的事情，他偏偏不答应，真没办法。
我让他做作业，他偏偏要看电视。
(2) contrary to expectations　表示事实跟所希望或期待的恰恰相反。可以用在主语前，用在主语前时不能换做"偏"。
我本来以为这次到北京能见到她，可是偏偏这时候她到上海出差了。
偏偏这时候下雨，真讨厌。

47 万万 wànwàn （副） absolutely　绝对；无论如何（一般用在否定句中）。
我万万没有想到他会输了这场比赛。
这个时候你可万万不能失去信心，我们大家都相信你。

48 大致 dàzhì （形） general　大体上；基本上。（副） approximately　大概。
这本书我是很多年前看的，只记得大致的故事情节。
他们俩的意见大致相同，都主张取消这次活动。

49 鬼使神差 guǐ shǐ shén chāi （成语） a curious coincidence　不自觉地做了原本没打算做的事情。
下班后，我竟然鬼使神差地跑到了我们第一次见面的地方。

50 花岗岩 huāgāngyán （名） granite　一种岩石。

51 测试 cèshì （动） test　测验检查。

52 雕刻 diāokè （动） carve　在金属、木料、石头上刻出花纹、图案。（名） work of carving; sculpture　雕刻成的艺术作品。

53 形成 xíngchéng （动） form　通过发展变化而成为具有某种特点的事物。
沙漠的形成是自然条件和人为因素造成的。

54 旺盛 wàngshèng （形） vigorous　精力、情绪高涨。

55 斗志 dòuzhì （名） fighting will　斗争的意志。

56 闯劲 chuǎngjìn （名） pioneering spirit　敢想敢干的劲头。

57 本地 běndì （名） locality　当地。

58 户口 hùkǒu （名） registered permanent residence　户籍。
农村户口；城镇户口

59 好歹 hǎodǎi （副） 多用于口语。
(1) in any case　表示不管怎么样，无论如何。
要是有个同伴就好了，遇到事情好歹有个人可以商量。
你不回家好歹也得打个电话啊，我们都等着你吃饭呢。
(2) no matter in what way; somehow　表示随便、不讲究。
时间太紧张了，好歹吃点儿赶紧走吧。
我就今天晚上住一晚，明天就回上海，好歹有个地方住就成。

60 犀利 xīlì （形） keen; sharp　锐利。
目光犀利；语言犀利

她问了我对 IBM 的看法、对生活的想法，她说 IBM 是一个很大的公司，可以学到很多东西，又问我如果被 IBM 录用，我打算干多长时间。我看着她的眼睛回答："如果可以，我想是一辈子。"

两个星期后，又是一次英语测试。是否能得到这份工作，就看这一次了。通知我的人告诉我，我不用准备什么，因为这次很简单，都是些智力测试题。也许这是我经历过的最难的测试，测试完以后，我已经毫无印象，只是记得铅笔削得很尖，墙上的钟滴滴答答地走着。

又过了大概三个星期，通知我体检。我到医院做了有生以来最完整的一套身体检查。一个星期后，我终于如愿以偿地收到了录用通知书。

现在我在 IBM 干得很好，很开心，认识了很多人，学到了很多东西。经理告诉我，我这个职位当时有 200 多人提交申请，17 个人得到了面试机会。我问他当时为什么选我，他想了想，笑着回答说："他们好像都没有带石头！"

事情过去了近两年，到现在很多情景我还记得很清楚。我衷心感谢当初记得我拿一块石头来面试的经理，感谢朋友提醒我要时刻诚实。我还想用自己的经历告诉所有想找个好工作的朋友们：永远都要自信，自信是一种精神，要随时准备去尝试从来没有想过和做过的事。要知道，我曾从一个小县城里经过长途旅行，用一块石头砸开了 IBM 的门！

（原作：菠萝啤）

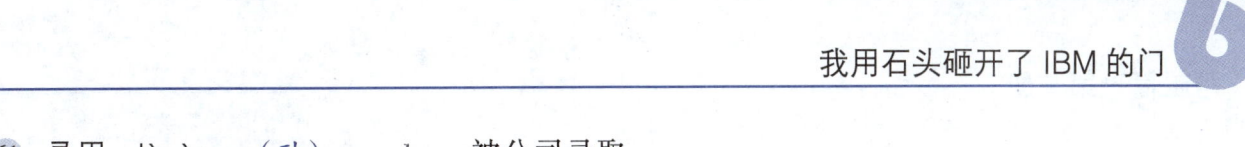

61 录用　lùyòng　（动）　employ　被公司录取。

62 看……了　kàn……le　（看……的、看……的了）　depend on　表示决定因素，靠……来决定。

这个项目是不是能像我们预想的那样，就全看你了。

这事别人都帮不上你，最后怎么决定还得看你自己的。

这件事你去跟他谈，能不能谈成，就全看你的了。

63 智力　zhìlì　（名）　intelligence　认识事物和解决问题的能力。

64 削　xiāo　（动）　sharpen　用刀切去或割去。

削苹果；削铅笔

65 滴滴答答　dīdī dādā　（象声）　sound of dripping water or a clock　钟表或水滴的声音。

66 体检　tǐjiǎn　（动）　health examination　身体检查。

67 有生以来　yǒu shēng yǐlái　since birth　从出生到现在。

这是我有生以来第一次在这么多人面前说话，心里真有点儿紧张。

68 如愿以偿　rú yuàn yǐ cháng　（成语）　achieve what one wishes　愿望终于实现。

等了三个小时，她终于如愿以偿地见到了自己的偶像。

69 通知书　tōngzhīshū　（名）　advice note　通知事务的文件书信。

70 职位　zhíwèi　（名）　job; position　机关团体中执行一定职务的位置。

71 提交　tíjiāo　（动）　submit　交。

72 申请　shēnqǐng　（动）　apply for　说明情由，请求上级批准。

提交申请；申请奖学金

73 自信　zìxìn　（形）　confident　相信自己。

74 尝试　chángshì　（动）　attempt　试一试。

跨越篇·第一册

练习

一 朗读

1. 朗读下面的词语

   面试通知　激光公司　机器的安装和调试　白色运动鞋　巨大的压力
   不知所措　迷迷糊糊　顺着走廊拐弯　疑惑地打量着我　忐忑不安
   万万不能说谎　鬼使神差　旺盛的斗志和闯劲　犀利的目光
   就看这一次了　尝试从来没有想过和做过的事

2. 朗读下面的句子，注意停顿和语调

   （1）购买我们机器的工厂大部分都在小县城，这次也不例外。
   （2）我开始傻笑，冲回发廊，指着刚染的金发大叫："快给我把头发染回去！染黑！染黑！"
   （3）我突然觉得我不属于这里，巨大的压力让我觉得自己矮小了许多。
   （4）女孩儿没说话，疑惑地打量着我，可能她的确没有见过穿这身衣服来面试的。
   （5）我跟他解释激光的形成、雕刻的方法，谈到测试激光时有意思的事情。
   （6）等我说完了，最后他才说希望我保持旺盛的斗志和闯劲，做一个诚实的人。
   （7）幸亏我这次穿上了花不少钱买来的西服，好歹可以挡挡她犀利的目光。
   （8）是否能得到这份工作，就看这一次了。
   （9）通知我的人告诉我，我不用准备什么，因为这次很简单，都是些智力测试题。
   （10）我衷心感谢当初记得我拿一块石头来面试的经理，感谢朋友提醒我要时刻诚实。

二 参考语素的注释和例句，理解新词语并选择填空

1. 实习

   [实]：实际；事实　reality; fact; actuality
   例：大四那年，我在一家电子公司实习。

   实用／实验／实情
   （1）现在我们只知道他拒绝了邀请，但是为什么拒绝，我们并不了解_____。

108

(2) 科学家通过_____证明，音乐能够促进大脑成长。

(3) 这家具好看倒是好看，就是不太_____。

2. 迷茫

  [迷]：使看不清；使陶醉 confuse; perplex; fascinate

  例：在学校时，我希望赶快步入社会，但是如今工作了，却又觉得迷茫。

迷惑／迷恋／迷失

(1) 这个问题，我们俩都很_____，讨论了一下午，什么结果也没有。

(2) 把这书全部看完时，我发现自己已经_____上了那个男主角。

(3) 我梦见自己在一个完全陌生的世界里走着，____了方向，找不到出路。

3. 自信

  [自]：自己 self

  例：他很自信，相信自己一定能成功。

自尊／自大／自卑／自觉

(1) 每个人都有_____和被别人尊重的需要，孩子也不例外。

(2) 由于腿有毛病，这孩子从小就有点儿_____，不喜欢跟别的孩子玩儿。

(3) 学习要靠_____，不能总靠老师和家长。

(4) 如果只看到自己的优点，看不到别人的长处，就会_____，就会骄傲。

三 辨析近义词，并用括号中的词语完成句子

1. 赶忙　赶紧

"赶忙"一般用于对已发生情况的描写；"赶紧"可以用于对已发生情况的描写，也可以用于建议、要求等。

例：他发短信问我下午是不是开会，我赶忙给他回了一条，告诉他取消了。

　　你赶紧给他发个短信，告诉他下午的会议取消了。

(1) 我剥了个橘子给他吃，他却突然流泪了，_____。（赶忙）

(2) 今天是 HSK 报名的最后一天，_____。（赶紧）

2. 万万　千万

"万万"多用于否定句，表示强烈的否定和禁止语气；"千万"表示叮咛和嘱咐，只用于祈使句。

例：我万万没有想到，他竟然丢下工作跑到上海去了。

你千万要注意身体，这个季节很容易感冒。

(1) 我准备好行李打算出发，_____。（万万）

(2) 他现在心情不好，_____。（千万）

3. 大致　大概

(1) "大致"和"大概"都可以表示约略、大体上，常做定语或状语；"大致"有书面语色彩。

(2) "大概"可以是名词（常常做"了解"、"知道"的宾语，并且常常带有"一个"或"个"），如"我知道个大概"；"大致"没有名词的用法。

(3) "大概"可以用在数量词前，如"大概三十个人"；"大致"没有这样的用法。

(4) "大概"有表示可能性很大的意思，如"他大概不来了"；"大致"没有这个意思。

例：我大致看了看这本书，内容没有什么新鲜的。

这个假期我大概要在北京度过了。

(1) 我们尽量长话短说，_____，然后大家讨论讨论。（大致）

(2) 我已经很久没有见到他了，_____。（大概）

四　根据例句，用指定词语完成句子

1. 不知所措

例：突然有两份工作摆在面前让他选择，他真有点儿不知所措。

A：今天会上你发言了？表现如何？

B：不怎么样，_____。

2. 忐忑不安

例：我告诉妈妈这次考试没有问题，可是心里还是有点儿忐忑不安，毕竟成绩还没有下来。

A：你怎么了？

B：老板通知我去他的办公室，_____。

3. 鬼使神差

例：第一次见到她，我就鬼使神差地邀请她喝咖啡。

A：你既然不愿意做推销工作，当时为什么答应了他呢？

B：_____。

4. 如愿以偿

例：跟老板讨价还价了半天，我终于如愿以偿，花80块钱买下了这件T恤。

A：他参加了学校组织的HSK考试，成绩好像还不错。

B：是啊，_____。

五 用括号里的词语完成对话

1. A：我开车转来转去，就是找不到你说的那家店。

   B：怎么会呢？你走错了吧？_____。（顺）

2. A：你刚才干吗去了？我打电话找你，你没在。

   B：听到楼下有人喊我，_____，可是楼下一个人也没有。（赶忙）

3. A：我去买明天的火车票，可是只剩四张了，差一张，这可怎么办啊？

   B：真糟糕，那后天的还有吗？

   A：后天的倒是还有。

   B：我看这样吧，你们四个人先走，_____，不会耽误事情。（随后）

4. A：今天公司的事情实在太多了，老李老王都出去谈生意了，谁来接待客户啊？

   B：哦？不是还有小林吗？

   A：小林请假了，他今天要去接朋友。

   B：_____。（偏偏）

5. A：爸爸，明天就要举行演讲比赛了，我真不知道该怎么办，有点儿不知所措。
   B：你不是准备得很充分了吗？担心什么？
   A：我也不知道，就是紧张。
   B：你一定要相信自己，_____。（万万）

6. A：我们这次旅行有一万块够用吗？
   B：_____，八千块足够了。（大致）

7. A：马上就到期末了，我的论文还没有开始写呢，真急人！
   B：你不是天天查资料吗？
   A：材料倒是准备了不少，可是没有真正动起笔来，不知道用得上用不上。
   B：你比我强多了，_____，我还一点儿资料都没有呢。（好歹）

8. A：又去跑步了？
   B：是啊，明天就要比赛，怎么也得先锻炼锻炼。
   C：是啊，麦克受伤了，_____。（看……的了）

六 选择填空

1. 来面试的男士们都穿着西服，打着领带，_____。
   A. 而我则是一身工作服
   B. 而我倒是一身工作服
   C. 可偏我是一身工作服
   D. 偏我却是一身工作服

2. 他回过头来，迷茫地看着我，_____。
   A. 我想他不知道这件事是的确的
   B. 我的确想他是不知道这件事
   C. 我想他的确是不知道这件事
   D. 我想是的确他不知道这件事

3. 他问我是不是有过工作经验，_____。
   A. 我实话实说从来没有工作过
   B. 我实话实说，告诉他我从来没有工作过
   C. 我对他实话实说从来没有工作过
   D. 我实话实说地从来没有工作过

4. 我知道刚刚工作一定要给老板留下一个好印象，_____。

　　A. 可是偏我却不喜欢什么事都顺着老板说

　　B. 可是我偏却不喜欢什么事都顺着老板说

　　C. 而我却偏偏不喜欢什么事都顺着老板说

　　D. 而我却不喜欢什么事都偏偏顺着老板说

5. 多亏了他，_____。

　　A. 好歹我们去找个住的地方

　　B. 我们好歹要找个住的地方

　　C. 好歹我们找到个住的地方

　　D. 我们找到个好歹住的地方

6. 这次考试我只记得我很紧张，至于考了些什么，_____。

　　A. 我已毫不印象了

　　B. 我已毫不记忆了

　　C. 我已毫无记得了

　　D. 我已毫无印象了

七 连句成段

1. A. 很多大学生去面试时，都想以精美的简历和比较职业化的着装给考官留下深刻的印象

　　B. 面试的目的不仅是让面试官了解简历上的信息

　　C. 但还要记住

　　D. 更重要的是让对方了解简历上没有的信息

　　E. 换句话说，面试时，交流第一，印象第二

　　_____

2. A. 有人觉得职位越高，工作就越稳定

　　B. 其实，高职位、高收入阶层同样存在着风险

　　C. 这些职位高的员工离开企业，往往并不是因为工资低、工作能力不够等原因

　　D. 而主要是对企业的文化或工作环境不适应

E. 或者是因为公司重新组织等原因

_____

3. A. 就是已经知道的语言,也往往由于语言学家所用的分类标准不同,得出的统计结果总不能一致
   B. 其实,语言学家一般都能掌握两门以上的语言。但是,如果要问世界上的语言究竟有多少种,却没有一个人能精确地回答
   C. 然而更使人惊讶的是,他仅仅学了世界上全部已知语言的四十分之一
   D. 前苏联有个语言学家花费毕生精力学会了一百多种语言,这数目实在多得使人惊讶
   E. 这里面的原因相当复杂,且不说有许多语言由于地处穷乡僻壤,我们至今还不知道它们的存在

_____

八 根据课文内容回答问题

1. 作者是在什么情况下接到面试通知的?
2. 作者为什么迟到?为什么穿了一身工作服去面试?
3. 那个女孩儿为什么把作者带到了会议室?
4. 讲讲作者第一次面试时的情况。
5. 讲讲作者第二次面试时的情况。
6. 讲讲作者参加英语测试时的情况。
7. 经理为什么录用了作者?

九 课堂讨论

谈谈你们国家求职的情况。

十 应用练习

调查一两个中国职员,问一问他们求职的经过以及他们对目前工作的看法。

扩展阅读　　（一）职场存在"已婚歧视"

歧视　qíshì
discriminate

一些人认为，职场上存在着"已婚歧视"，所以自己才不得已做了隐婚者。

隐婚　yǐnhūn
hide marital status

两年前，左菲菲去应聘上海一家法律顾问公司，面试的全过程非常顺利。最后，主试人突然问了这样一个问题："你结婚了吗？"已婚的左菲菲在头脑中用1秒钟对当时的情势进行判定后，斩钉截铁地回答："没有。"主试人接下来说："你看什么时候能来上班？"

斩钉截铁
zhǎn dīng jié tiě
resolute and decisive

现在的左菲菲已在工作岗位上做得游刃有余，直觉上，她依然相信自己面试时作的是一个正确的回答。不过，她也的确没法证明，如果当时说已婚会带来什么样的后果。

游刃有余
yóu rèn yǒu yú
do a job with high skill and great ease

26岁的新婚女子张悦宁在福州做期货生意，平时接触的多是年龄比自己大的男性客户。每当一宗生意谈得正好，爱人的电话进来，对方总会跟她开玩笑："小姑娘，是不是男朋友查岗啊？"张悦宁就笑一笑敷衍过去，不作正面回答。"总觉得那种情形下说自己结婚了会不太好。"

"我讨厌28岁以下就结婚的男人，怕他们不思进取、分心。工作上，我需要他创造、努力、拼搏，但关键时刻，他可能就会考虑家庭而不顾事业了。我们公司，目前我瞧得上眼，愿意培养的，都是没结婚的人。"说这话的是北京一位男性私企经理，然而这位经理本人，却是23岁结婚的。

拼搏　pīnbó　struggle

北京易普斯企业咨询服务中心首席顾问张西超认为，所谓的"已婚歧视"在一般性质的企业中应属莫须有，至少不常见。社会性别角色认知的习惯化，可能导致工作中对已婚女性的歧视，但在现代企业中，这种歧视越来越模糊了。即便像宾馆服务员和空姐这样传统上由未婚女性从事的行业，近年来也开始使用已婚女性。而有些用人单位在招聘时对已婚男性尤其青睐，认为他们与未婚者比，更具责任感。

莫须有　mòxūyǒu
fabricated; groundless

"如果隐婚是为了拉客户就大可不必了。销售拼的是人际关系，不是搞对象。我们公司的客户基本上都是二十七八岁的小伙

115

子，我从来没有隐瞒过自己的已婚身份，并没有觉得销售受到了影响，反而因此会比较自在，与年轻异性的交往相对更自然。"中关村一IT企业销售主管张闽对《中国新闻周刊》记者说，"有些人为了工作隐婚，只是出于自己的担心，其实承认已婚未必就会真的对工作造成关键性的影响。"

在参与《中国新闻周刊》和新浪网联合进行的"隐婚调查"的2200人中，只有200多人认为亮明已婚身份会使自己在客户那里丢掉机会，而担心自己因此失去老板信任的也只有400余人。

北大方正集团IT软件事业部人力资源总监李海燕告诉记者，在她的企业里不存在已婚歧视。相反，如果她看到一个年龄很大却未婚的求职者，还会在脑海里画一个大大的问号。

通常，人力资源部门会根据各用人单位的实际状况，合理配置人员梯队。李海燕承认，考察年龄在二十八九岁的已婚未育女性求职者时，企业可能会比较谨慎，因为接下来她可能就要请产假了，但决定录用与否的关键因素仍然是本人的综合能力。

所有的求职者都被要求填写个人情况登记表，表中不仅有"婚否"一栏，还要求填出家庭成员的具体情况。李海燕解释说，了解一个人的家庭状况，有助于对他作出综合判断。最后，填表人被要求在表的下方"本人承诺以上信息全部属实"处签名。"我们企业特别强调共同的价值观。如果后来证明有人隐瞒了自己的婚姻状况，就会失去企业的信任。"李海燕说。

（原作：曹红蓓 罗雪挥）

梯队　tīduì　echelon

阅读后回答问题

1. 左菲菲为什么说谎？
2. 张悦宁愿不愿意承认自己已婚？为什么？
3. 张西超认为存在已婚歧视吗？
4. 张闽承认自己已婚吗？为什么？
5. 李海燕觉得她的企业里有没有已婚歧视？

（二）早起的鸟儿好觅食

重庆师范大学大三学生邹超一说起实习的经历，感受颇深："说实话，我的英语基础很好。但在到公司做一些专业性很强的翻译工作时，我才发现自己的不足。当前，大多数的用人单位都强调工作经验。通过实习，每一点专业知识的积累和实际工作技能的提高，都会对我明年找工作有好处。"

邹超一举例说，"前两天，我翻译了一家缆车公司的资料。将我翻译的初稿和定稿相比，我发现他们作出了很多令我信服的改动，在这种比照学习的过程中，我获得了实实在在的进步。"

在重庆，不少大三甚至大一学生开始利用节假日到各种工作岗位去实践，为以后的就业积累经验，期待"早起的鸟儿好觅食"。邹超一实习所在公司经理刘勇的经历，更能体现"早起鸟儿"在"觅食"方面的优势。

刘勇是西南交通大学外语系1999级研究生。2000年5月，入学不久的他就和同学开办了语言桥翻译公司。在他看来，机会属于有准备的人，对于在校学生而言，首要的是扎实掌握学科内的知识，这是以后赖以安身立命的基础。一旦发现真正有发展空间的、自己的学识和能力足以胜任的创业机会，就不要放过，用知识创造财富。

"早起的鸟儿好觅食，这句古训是千真万确的，但需正确理解，"他说，"不同种类的'鸟儿'可能会拥有不同的'觅食'机会，而同一种类的'鸟儿'要想多'觅食'，就要起得早。但这并不意味着必须早起而且一起床就出门'觅食'，而是指早起后为以后的'觅食'作全方位的准备。首先要客观地了解自己，理性地审视自己，看自己适合干什么，然后针对自己设定的目标作知识、能力、视野、经验甚至人品等诸多方面的准备。只要有了完备的准备，一旦发现好的'觅食'机会，就开始'觅食'。尽管'鸟'多'食'少，但只要有这种对自己、对未来负责的态度，而不是总在严峻的就业形势面前怨天尤人，'早起'的'鸟儿'就必然能早'觅食'，'觅好食'，多'觅食'。"

颇 pō quite

缆车 lǎnchē cable car

扎实 zhāshi (of work, study, etc.) solid; down-to-earth

安身立命 ān shēn lì mìng settle down and get on with one's life

视野 shìyě field of vision; horizon

怨天尤人 yuàn tiān yóu rén blame everyone and everything but not oneself

阅读后判断正误(正确的画"√",错误的画"×")

（　　）1. 邹超一以前觉得自己的英语很好。

（　　）2. 公司对邹超一翻译的资料很满意，没有改就使用了。

（　　）3. 刘勇是和邹超一一起实习的大学生。

（　　）4. "早起的鸟儿好觅食"意思是说要想成功一定要比别人更勤奋。

7 陈寿亭

课文导入

一 听短文(第一遍)回答问题

1. 陈六子和陈寿亭是什么关系？
2. 陈寿亭是怎么成为一个出色的染匠的？
3. 陈寿亭为什么来到卢家？

二 听短文(第二遍)填空

清朝末年，十五岁的陈六子父母_____，只好_____要饭生活。在一个下大雪的晚上，陈六子因为怕被冻死_____不敢睡觉，在街上跑来跑去，让自己暖和一点儿。正好遇到一个开染厂的掌柜，掌柜的_____下了他，并给他起了个_____的名字——陈寿亭。十年以后，陈寿亭成了一个出色的染匠，并帮助掌柜_____染厂，使这个染厂发展起来，成为_____最大的染厂。而他自己也成为当地有名的人物。

张店有一户很有影响的人家，主人姓卢。卢老爷的儿子家驹在德国学习染布，回国以后在青岛开了一家染厂。卢老爷很_____寿亭的能力，打算请他来帮着儿子经营。接到卢老爷的信以后，寿亭坐火车来到卢家。但是，留学回国的家驹对这个不认识字的染匠却从心里_____。他们的合作将会怎么样呢？

三 讨论

有人说，成功的人一定要经历不同于常人的忍耐和付出。你怎么看？

119

课文

陈寿亭

早晨，卢家院子里的两棵海棠开了，繁花满树，整个院子花香扑鼻。

家骏去火车站接了寿亭，快到家门口时，家骏说："六哥，我先走一步，回去说一声儿。"说罢跑进院子里。

寿亭背着褡子走到门口。

卢老爷满脸喜色地迎出来。寿亭急步上前，右手向地下一伸，行了个请安礼："卢老爷好！"

卢老爷赶紧拉起他来，家驹在一旁上下打量着寿亭，脸上露出优越。

客厅里，卢老爷让寿亭坐在椅子上，寿亭却顺手拉了个凳子坐下。家驹也就坐在了他旁边，家骏忙着倒水。

里屋，老太太从窗里向外看，回过头来对大儿媳妇说："你也看看，这就是那陈六子，个子虽说不太高，可真有些精神。"

翡翠不好意思过来看，老太太就拉着她。翡翠刚来到门边，卢老爷咳嗽一声，她吓得又回来："娘，我不敢。"

寿亭的褡子放在旁边桌子上，家驹看着那东西，忍不住笑。

卢老爷欣赏地看着寿亭："大侄子，你是我请来的大能人呀！"

7 陈寿亭

1. 陈寿亭　Chén Shòutíng　（专名）　人名。
2. 卢　Lú　（专名）　姓。
3. 海棠　hǎitáng　（名）　crab apple　一种观赏植物。
4. 繁花　fánhuā　（名）　flourishing flower　盛开的花；繁密的花。
5. 扑鼻　pūbí　（动）　(of strong smells) assail the nostrils　气味冲鼻。
6. 家骏　Jiājùn　（专名）　人名。
7. 罢　bà　（动）　cease; finish　停止；结束。
   罢课；他说罢就走了
8. 褡子　dāzi　（名）　a long, rectangular bag sewn up at both ends with an opening in the middle (usu. worn round the waist or across the shoulder)　一种长方形布袋，中间开口，两边可以装东西，可以扛在肩上或手提。
9. 老爷　lǎoye　（名）　(a respectful address to a master by a servant) my lord; sir　对有一定身份的男子的尊称。
10. 喜色　xǐsè　（名）　a happy expression　欣喜的神色。
11. 行礼　xínglǐ　（动）　salute　按一定的仪式或姿势致敬。
12. 请安　qǐng'ān　（动）　pay respect to sb. (usu. elders)　问安，问好；旧时的问安礼。
13. 家驹　Jiājū　（专名）　人名。
14. 优越　yōuyuè　（形）　advantageous　优胜；优良。
15. 顺手　shùnshǒu　（形）　conveniently　随意地一伸手；随手。
    他进来的时候顺手把门关上了。
    他走进门，顺手把包儿放在桌子上。
    她顺手从书架上拿下一本书，翻了翻。
16. 凳子　dèngzi　（名）　stool　没有靠背的一种坐具。
17. 里屋　lǐwū　（名）　the inner room　里间。
18. 老太太　lǎotàitai　（名）　old lady　对老年妇女的尊称。
19. 儿媳妇　érxífu　（名）　daughter-in-law　儿子的妻子。
20. 翡翠　Fěicuì　（专名）　人名。
21. 娘　niáng　（名）　mum　（口语）妈妈。
22. 忍不住　rěn bu zhù　can't help (doing sth.)　控制不住自己。
    看到这张照片，她忍不住笑了。
    一想起这件事，她就忍不住想哭。
    晚上我本打算把作业做完，可还是忍不住看了那个电视节目。
23. 侄子　zhízi　（名）　nephew　哥哥或弟弟的儿子，也可以称呼朋友的儿子。
24. 能人　néngrén　（名）　capable person　能干的人；在某方面才能出众的人。

寿亭起身接过家骏的茶，朗声说："卢老爷，你这是夸我，我算得了什么呢，就是个染匠。大少爷才是真正的能人，不仅识文解字，连洋话都会说。大少爷，我属虎，你属什么？"

家驹淡淡一笑："属兔，比你小一岁。"

寿亭突然感慨："大少爷，你有个好爹呀！咱俩差不多的年纪，你上了多年的学，我要了多年的饭，这是命呀！卢老爷看得真远呀！花了那么多的钱供你出洋念书。大少爷，我要是有这样一个爹，过上一天你这样的日子，也算没白活一回。"说完把头低下了。

家驹一时不知道怎么回答，呆了一下。卢老爷看了一眼家驹，然后转头对寿亭说："爹好娘好，不如自强好。那么多要饭的，为什么就你有今天？那么多开染厂的，为什么就你干得好？这都是靠你自强。谁敢看不起你陈六子？谁不知道陈六子？"说罢，拉过寿亭的手拍着，十分亲热。

家驹感到自己受了冷落，多少有些不耐烦，稍想了想，说："陈掌柜的，你懂机器染吗？"

寿亭一愣，看着家驹："懂啊！"

家驹怀疑："跟谁学的？"

寿亭放下茶碗："去年我去上海买布，特别去了趟成通染厂，看了一眼。机器染没别的，就是比手工省事。"说完又把那杯茶端回来。

家驹怀疑地慢慢摇头。

25 朗声　lǎngshēng　（副）　loudly　高声；大声。
朗声大笑；朗声说

26 算得了什么呢　suàn de liǎo shénme ne　It's no big deal　反问句，表示"不算什么"、"没什么大不了"、"没什么了不起"。
为了能让妈妈的病好起来，我累点儿算得了什么呢？
我当然要参加明天的比赛，这点儿伤算得了什么呢？
这点儿路算得了什么，我以前每天走5公里呢。

27 染匠　rǎnjiàng　（名）　dyer　染布的工人

28 少爷　shàoye　（名）　young master of the house　旧时称富贵人家的儿子。

29 属　shǔ　（动）　be born in the year of (one of the twelve animals)　用十二属相记生年。
他是1985年生的，属牛。

30 虎　hǔ　（名）　tiger　老虎。

31 兔　tù　（名）　rabbit　兔子。

32 感慨　gǎnkǎi　（动）　sign with emotion　感叹。

33 爹　diē　（名）　dad　（口语）爸爸。

34 咱　zán　（代）　（1）we　咱们（包括说话的人和说话的对象）。（2）I　我。

35 命　mìng　（名）　destiny　命运。

36 供　gōng　（动）　provide　准备东西给需要的人用。
供孩子读书；供他吃住

37 自强　zìqiáng　（动）　strive to become stronger　自己努力图强。

38 要饭　yàofàn　（动）　beg　乞讨。

39 染厂　rǎnchǎng　（名）　dye works; dyehouse　染布的工厂。

40 冷落　lěngluò　（动）　leave out in the cold　冷淡地对待。
他刚来北京，你们多陪他玩儿玩儿，不要冷落了他。

41 稍　shāo　（副）　slightly　表示数量不多或程度不深。用在动词前，动词后常常有数量补语"一会儿"、"一下"等。
请稍等一下，我马上就来。
只要平时稍注意一下，考试的时候就没有问题。
现在大家稍休息一会儿，三点半继续开会。

42 掌柜　zhǎngguì　（名）　shopkeeper　也称"掌柜的"，旧时对店主或经理的称呼。

43 布　bù　（名）　cloth

44 手工　shǒugōng　（名）　manual; handmade　用手操作的方式。
手工制作；手工染布

45 省事　shěngshì　（形）　save trouble　不费事；便利。
我不想出去吃了，就在家吃方便面，省事。
要是能搬到近一点儿的地方住就省事了。

寿亭看着家驹摇头，顿时把眉毛立起来："大少爷，我这人脾气急，怕激。凡是这世上的事，都没什么太新鲜的。这机器染就是用人少，染布多，其实工序是一样的。我一眼就看明白了。"

"陈掌柜的，我就不明白，你就到染厂里看了一眼，就敢说懂机器染？"家驹问。

寿亭不客气："我娘死得早，可她老人家的话我还记着一句：这一等人不用教，二等人用言教，三等人用棍教。大少爷，有些人你就是用棍子打他，他学东西也是慢。不是不用心，是不开窍。"

家驹有点儿挑衅："陈掌柜的，那你是哪等人？"

寿亭眉毛一挑："大少爷，当着卢老爷，我敢说，不管什么东西，只要我看一眼，立刻就明白，要不就不是我陈六子！"

家驹冷冷地说："陈掌柜的口气大了些吧？"

寿亭放下茶杯，猛然站起。家驹也跟着站起来。

"卢老爷，您家我来了，您老我也见了，一块儿干买卖，讲的是弯刀对着瓢切菜——正好。可是我看啊，我倒是弯刀，可大少爷不是瓢，对不上！"说着就过去拿褡子。

卢老爷赶紧拉住他："家驹不是不放心，是打听打听。家驹，你六哥还有绝的呢，你是不知道！"

家驹说："哦？"

卢老爷努力赞美着，担心寿亭生气离去："你六哥在上海买布，他听不懂外国话，可是洋人和那中国掌柜的说什么，他都知道。"

家驹来了兴趣："你怎么知道的？六哥，你说说。"这时他看起来很天真。

寿亭一听卢老爷夸他，又见家驹叫他六哥，转怒为喜："猜的。买卖上的

46 眉毛 méimao （名） brow

47 激 jī （动） incite 鼓动，使人的感情冲动。
A：你不去啊？是不敢去吧。
B：你别激我，只要你敢去，我就跟你一起去。

48 凡是 fánshì （副） every; any 总括某个范围里的所有事物。
凡是需要帮助的人，他都会尽全力去帮助。
凡是跟他一起工作过的人，没有不夸他的。

49 工序 gōngxù （名） working procedure 组成整个生产过程的各个加工程序，或加工过程中的先后次序。
这道工序是一定不能少的。
只要严格按工序去做，就不会制造出不合格的产品。

50 棍 gùn （名） stick

51 用心 yòngxīn （形） with concentrated attention 集中注意力；专心。
他做什么事都非常用心。
只要用心，什么事都能做好。

52 开窍 kāiqiào （动） have one's ideas straightened out 一下子明白了。
以前他的数学一直不太好，高中的时候突然开窍了，每次都考第一名。

53 挑衅 tiǎoxìn （动） provoke 故意地做一些想要引起冲突的事情。

54 要不 yàobù （连） or 不然；否则。
假期去哪儿旅行，你要赶快决定，要不就来不及了。
我今天想把论文写完，要不就没时间了。
我当然要努力学好汉语，要不来中国干什么？

55 口气 kǒuqì （名） tone; manner of speaking 指说话的语气、用词等。
听你的口气，你对这件事很有把握？
你的口气大了点儿吧，你怎么知道他一定会同意我们的条件？

56 瓢 piáo （名） gourd ladle; wooden dipper

57 弯刀对着瓢切菜——正好 wāndāo duì zhe piáo qiē cài——zhènghǎo a two-part allegorical saying meaning fitting perfectly well 这是一句歇后语。歇后语是汉语里特有的一种语言形式，一般用于口语中。它分为两部分，前一部分是比喻，后一部分是对这个比喻的解释。"弯刀对着瓢切菜"是个比喻，弯的刀和圆的瓢，正好对上；"正好"就是对它的解释。后边的解释部分常常可以省略。
他们俩真是弯刀对着瓢切菜，都是慢性子，俩人都不着急。

58 绝 jué （形） unique; superb; excellent 才能、技术特别，独一无二。
他们这儿的烤鸭，绝了。
他有一手绝活儿，能左右手同时写字。

事，无非是个价钱。洋人看我要得多，就想便宜点儿。可那中国掌柜不愿意，他看我是山东来的乡下人，就想多赚点儿。我还没等那中国掌柜说完，站起来就走。他立刻跑过来拉着我，一再给我道歉。他以为我能听懂外国话。哈哈……"

大家笑起来。

老太太在里屋对大媳妇小声说："翠儿，你看陈六子能说会道的，家驹有这么个人儿帮着，准错不了。"

翡翠点头说："嗯，是，娘。"

家骏见气氛好起来，忙凑上来问："爹，叫他们什么时候送菜？"卢老爷一挥手："这就送，我和你六哥喝着聊。家驹他娘，出来吧，领着家驹媳妇一块儿出来见见她六哥。"

寿亭大惊，忙站起来准备应付，顺手向下拉了拉衣服。

老太太与翡翠先后出屋，翡翠低着头紧随婆婆。

寿亭忙上去拉着老太太的手请安："老人家，刚才我说话声儿大，惊了您。您可别生气！"

老太太欢喜："大侄子，你要是声儿小，我还听不清呢！翠儿，这是你六哥。大侄子，这是家驹太太。"

翡翠抱拳于腰，屈膝行礼："六哥吉祥！"

寿亭没还礼，而是转过身来对着卢老爷说："卢老爷，您把这个家管得井井有条，不分男女，个个知书达礼，我还真不习惯！"

说罢，大家笑起来，卢老爷拍着寿亭的肩。

院中的海棠，似乎也被笑声感染，在风中不住地抖动。

（原作：陈杰）

陈寿亭

59 一再　yízài　（副）　repeatedly　一次又一次。

他太客气了，为了这点儿小事一再向我道歉。

开会的时候，老板一再强调这个项目的重要性。

她一再提醒我这件事，结果我还是忘了，真不好意思。

60 能说会道　néng shuō huì dào　（成语）　have a glib tongue　形容人很会说话。

61 凑　còu　（动）　move close to　靠近；靠拢

大家都在看那个通知，我也凑上去看了一眼。

62 惊　jīng　（动）　start; be frightened　使惊慌、害怕。

63 婆婆　pópo　（名）　husband's mother　丈夫的母亲。

64 欢喜　huānxǐ　（形）　joyful; happy; delighted　高兴；喜爱。

65 抱拳　bàoquán　（动）　salute with hands folded　古时的行礼方式。

66 屈膝　qūxī　（动）　bend the knees in worship　行礼时弯曲膝盖。

67 吉祥　jíxiáng　（形）　auspicious　幸运；吉利。

68 井井有条　jǐngjǐng yǒu tiáo　（成语）　be arranged in good order　形容条理分明，整齐不乱。

这次活动安排得井井有条，大家都很满意。

他在公司的时候，什么事都井井有条的，他一离开就都乱了。

69 知书达礼　zhī shū dá lǐ　（成语）　educated and politely　有文化，懂礼貌。

70 感染　gǎnrǎn　（动）　influence; infect　通过语言或行动引起他人相同的思想感情和行为。也指受到别人思想、行为的影响。

71 抖动　dǒudòng　（动）　shake; tremble　颤动。

练习

一 朗读

1. 朗读下面的词语

繁花满树　花香扑鼻　满脸喜色地迎出来　行了个请安礼
上下打量着寿亭　识文解字　多少有些不耐烦
弯刀对着瓢切菜——正好　一再给我道歉　能说会道
凑上来问　站起来准备应付　抱拳于腰　屈膝行礼

2. 朗读下面的句子，注意停顿和语调

(1) 寿亭急步上前，右手向地下一伸，行了个请安礼。
(2) 寿亭却顺手拉了个凳子坐下。
(3) 大少爷才是真正的能人，不仅识文解字，连洋话都会说。
(4) 要是能过上一天你这样的日子，也算没白活一回。
(5) 家驹感到自己受了冷落，多少有些不耐烦。
(6) 凡是这世上的事，都没什么太新鲜的。
(7) 不管什么东西，只要我看一眼，立刻就明白，要不就不是我陈六子！
(8) 他立刻跑过来拉着我，一再给我道歉。
(9) 寿亭大惊，忙站起来准备应付，顺手向下拉了拉衣服。
(10) 院中的海棠，似乎也被笑声感染，在风中不住地抖动。

二 参考语素的注释和例句，理解新词语并选择填空

1. 耐烦

   [耐]：禁得住；禁得起　be able to bear or endure

   例：他不**耐**烦地打断了老李的话："这件事我们改天再讨论吧。"

   耐热／耐用／耐旱

   (1) 我是南方出生的，冬天怕冷，可是夏天我不怕，比较_____。
   (2) 仙人掌是_____植物，不能浇那么多水。
   (3) 这电视机倒是很_____，我已经用了十五年了。

2. 染匠

　　[匠]：有手艺的人　craftsman；artisan

　　例：陈寿亭是这一带有名的染匠，附近的染厂都争着聘他。

木匠／花匠／能工巧匠

(1) 他是我们村唯一的_____，村里各家想做家具都得找他。

(2) 这些伟大的建筑让我们从心里佩服古代_____们的智慧。

(3) 这几位老_____负责照管这个园子里的一花一木。

3. 挑衅

　　[挑]：挑动　instigate；incite；stir up

　　例：不是我想跟他打架，是他故意挑衅，气死我了。

挑战／挑起／挑拨

(1) 圣诞节前夕，诺基亚公司首先大幅度降价，_____了手机市场的价格大战。

(2) 他在小李面前说小张的坏话，又跑到小张面前说小李的坏话，_____他们俩的关系。

(3) 听说你乒乓球打得很好，明天我们打一场？我向你_____。

三 辨析近义词，并用括号中的词语完成句子

1. 凡是　所有

　　二者都表示全部对象都是如此，没有例外。用于句首时，"凡是"一般都可用"所有"替换。但"凡是"是副词，"所有"是形容词。"所有"在句子里做定语，不一定位于句首，后边可以加"的"；而"凡是"只能用于句首，后边不能加"的"。

　　例：凡是（所有）来过这儿的人，都对这儿的美景赞不绝口。

　　　　因为生意的关系，我经常到这个公司来，这个公司所有的员工我都认识。

(1) A：请问，具备什么条件才可以报名参加这次活动？

　　B：_____都可以参加。（凡是/所有）

(2) A：我让你了解一下这个人的情况，你了解了吗？

　　B：我找遍了＿＿＿＿＿＿＿＿＿＿，都没有他的信息。（所有）

2. 要不　不然

　　二者都可以表示假设或选择关系，意思一样。只是"要不"含有口语色彩，而"不然"则具有书面语色彩。"不然"除了表示假设或选择，还有"不是这样"的意思，在句子里做谓语，而"要不"没有这种用法。

例：你应该跟他好好解释一下，要不（不然）他可能会误会。

　　大家都以为他能喝酒，其实不然。

(1) A：这个人怎么能这样，约好三点，现在都三点半了。

　　B：一定是路上交通堵塞，＿＿＿＿＿＿＿＿＿＿。（要不/不然）

(2) A：她们俩是姐妹吧？

　　B：很多人都这么认为，＿＿＿＿＿＿＿＿＿＿，她们俩一个是上海人，一个是天津人。（不然）

3. 一再　再三

　　"再三"可以用在动词后边，如"考虑再三"；"一再"不能。"一再"用于消极方面较多；"再三"多用在中性或积极性词语前边。

例：我们的实验虽然一再失败，但是我们一定会总结经验教训，争取成功。

　　我们请求再三，经理终于同意了。

(1) A：老板，真对不起，我今天家里有点儿事，迟到了一会儿。

　　B：小李，＿＿＿＿＿＿＿＿＿＿，这样下去可不行。（一再）

(2) A：怎么样？他们对我们的招待还满意吗？

　　B：非常满意，客人＿＿＿＿＿＿＿＿＿＿。（再三）

4. 忍不住　不禁

　　"忍不住"是动补词组，它可以单独做谓语；"不禁"是副词，只能用于动词或形容词前边。"不禁"是说明动作、行为因情绪冲动而不自觉产生；"忍不住"则是主观上想忍耐，但是不能控制自己。

例：他要戒酒？不可能吧，他一看见酒就忍不住了。

听了他的话，我也不禁高兴起来。

(1) A：你不是说你再也不吃鱼了吗？

　　B：我本来是不想吃了，＿＿＿＿＿＿＿＿＿＿＿＿＿＿。（忍不住）

(2) A：这首诗真是太美了。

　　B：是啊，＿＿＿＿＿＿＿＿＿＿＿＿＿＿。（不禁）

四 根据例句，用指定词语完成句子

1. 能说会道

　　例：我妈妈特别喜欢你女儿，这么小的孩子就能说会道的，讨人喜欢。

　　A：啊？你怎么买了这么多东西！

　　B：我本来不想买，可是＿＿＿＿＿＿＿＿＿＿，＿＿＿＿＿＿＿＿＿＿。

2. 井井有条

　　例：这次活动都是小李组织的，安排得井井有条，大家都非常满意。

　　A：他第一次出国，生活方面会有些不习惯吧？

　　B：还可以，他适应能力很强，＿＿＿＿＿＿＿＿＿＿＿＿。

3. 知书达礼

　　例：她出生于一个知识分子家庭，知书达礼，温柔贤惠。

　　A：我真佩服你，看看你家这几个孩子，＿＿＿＿＿＿＿＿＿＿＿＿。

　　B：哪里哪里，您过奖了。

五 用括号里的词语完成对话

1. A：这是你的书吧？

　　B：是啊，是啊，我正到处找呢。你在哪儿看见的？

　　A：你忘在外边椅子上了，我＿＿＿＿＿＿＿＿＿＿＿＿。（顺手）

　　B：谢谢你。

2. A：怎么又看电视？

　　B：这个连续剧太好看了，每天一到晚上八点，＿＿＿＿＿＿＿。（忍不住）

　　A：你还没做作业呢吧？

　　B：嗯，马上就看完了，看完就去做作业。

3. A：你要的书我给你带来了。

   B：真是太好了，我的毕业论文需要这本书，到处找不到，真是不知道怎么感谢你才好。

   A：别客气，_____，_____。（算得了什么呢）

4. A：昨天的晚会你怎么没有参加？

   B：哦，明天我有个考试，虽然是只是一个小测验，_____。（稍）

5. A：暑假你去旅游吗？

   B：去，我想去上海和杭州。

   A：自己去还是参加旅行团？

   B：_____，_____。（省事）

6. A：元旦期间不少商店都有优惠。你们这儿有什么活动吗？

   B：我们也有，_____，_____。（凡是）

7. A：小明，你怎么把家里弄得这么乱啊？

   B：我一会儿就收拾好，别着急。

   A：现在赶快收拾吧，_____。（要不）

   B：没事，爸爸今天七点才下班呢。

8. A：你昨天去看电影了？

   B：是啊，我本来不想看这个电影，可是_____，我只好陪他去了。（一再）

六 选择填空

1. 本来我已经决定戒烟了，可是他们在旁边抽，我也_____抽了一根。

   A. 不禁

   B. 不由得

   C. 恨不得

   D. 忍不住

2. 我没有办法_____，但我会尽我自己全部的力量。

   A. 帮助凡是需要帮助的人

   B. 帮助所有需要帮助的人

C. 帮助需要凡是帮助的人

D. 帮助需要帮助的凡是人

3. _____，我真是不知道该怎么办好。

A. 要不他帮我

B. 要不是他帮我

C. 不然他帮我

D. 要是他帮我

4. 今天快忙死了，你先在这儿帮我照看一下，我_____。

A. 稍休息

B. 稍一会儿休息

C. 稍休息一会儿

D. 休息稍一会儿

5. _____，我们一定要努力做好它。

A. 老板一再强调这个项目的重要性

B. 老板一连强调这个项目的重要性

C. 老板强调这个项目的重要性再三

D. 老板强调这个项目的重要性一连

七 连句成段

1. A. 另外一样就是饮食

 B. 其中之一是衣着，吴健雄的衣着总是中国式的高领旗袍

 C. 但是有两件事，她却一直保有中国式的品味

 D. 吴健雄在柏克莱停留下来，住进离学校不远的国际宿舍里

 E. 除了科学，她也努力学英文和了解美国事务

 _____

2. A. 今年5月，近亲遭逢不幸，给遗属写吊唁信的时候，想起了一件往事

 B. 但是，就自己来说，巨大的悲痛是不是真的能够随着时间的消逝化解得一干二净呢？我茫然地俯视着眼下的白纸思考着这件事

 C. 我想起曾经受过这话的勉励，就想用同样的话勉励对方

D. 这时，岳母寄来劝我节哀的信。信上说，即使遭受了巨大的伤痛，但时间的慢慢推移，能告诉自己有用的生存的智慧

E. 那是差不多十年之前的事了，对我自己有深厚影响的人逝世，使我终日心境怆然地打发着每天每日

3. A. 这种现象产生的原因是多方面的
   B. 我们看到，有些同级职业经理之间，往往产生相互猜忌、彼此不合的现象，甚至发生公开冲突
   C. 其中之一就是彼此沟通和协调不好，方法与艺术不高明
   D. 因此职业经理要运用公共关系方法与艺术，在同级职业经理之间进行沟通和协调
   E. 这对于增进了解，加强团结，推动工作，都是很有必要、大有裨益的

八 根据课文内容回答问题

1. 刚见面时，卢老爷和卢家驹对陈寿亭的态度有什么不同？
2. 陈寿亭和卢家驹有什么不同的命运？
3. 卢家驹为什么问陈寿亭会不会机器染？
4. 陈寿亭是如何学会机器染的？
5. 陈寿亭为什么拿起褂子想走？
6. 陈寿亭懂外国话吗？他听懂那个外国人和中国掌柜说的话了吗？

九 课堂讨论

1. "一等人不用教，二等人用言教，三等人用棍教。"你同意这种说法吗？为什么？
2. 陈寿亭是个不认识字的乡下人，而卢家驹是从国外留学归来的洋学生。学历重要还是经验重要？谈谈你的看法。
3. 你认为成功的人需要具备哪些条件？

十 应用练习

描写一个人，讲述他（她）的故事给你的同学听。

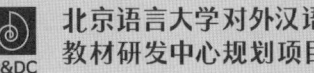

进阶式对外汉语系列教材
A SERIES OF PROGRESSIVE CHINESE TEXTBOOKS FOR FOREIGNERS

成功之路
ROAD TO SUCCESS

跨越篇
INTERMEDIATE

听力文本及部分练习参考答案
THE RECORDING SCRIPT AND
KEY TO SOME EXERCISES

北京语言大学对外汉语
教材研发中心规划项目

北京语言大学出版社
BEIJING LANGUAGE AND CULTURE
UNIVERSITY PRESS

1 我们为什么要爱护野生动物

课文导入

　　从人类成为地球的主人开始，人类同时也成了其他动物的敌人。随着人类社会的发展，人类对其他动物的影响也越来越大。今天，我们不得不对自己说："请爱护野生动物！"

　　那么我们应该怎么爱护动物呢？有人把鸟养在家里，照顾它们，他们觉得自己爱鸟。但是他们的爱是自私的，因为鸟只有生活在大自然中才会唱出快乐的歌。有人喜欢和动物比赛，他们去狩猎，证明自己的力量。他们觉得自己和动物是平等的，因为他们可能打死动物，也可能被动物吃掉。但是，其实他们和动物的比赛并不是平等的，因为他们手里有枪，有工具。

　　对动物真正的爱，不是把鸟养在家里，也不是和动物比赛，而是真正了解大自然，对大自然充满感情。爱护野生动物，就是爱护我们自己生活的世界；爱护野生动物，就是爱护人类自己。

练习

二、参考语素的注释和例句，理解新的词语并选择填空
1. 废物　动物　产物
2. 湿度　高度　硬度
3. 胆量　饭量　气量
4. 经济学　物理学　地质学

六、选择填空
1. B　2. D　3. C　4. D　5. C　6. C

七、连句成段
1. A E B C D
2. D A E C B
3. A C B D E

扩展阅读（二）

阅读后判断正误（正确的画"√"，错误的画"×"）
1. √　2. ×　3. ×

2 学会放手

课文导入

儿子大学毕业了。工作以后，他周末总是很晚才回家，我经常在深夜的客厅里，等着他回来，我们俩之间的战争也就不可避免地爆发了。我希望他能早一点儿回家，而他总是强调自己已经长大了，应该有自己的生活。

一天晚上，从来不会向我们表达感情的儿子突然来到我的房间。他再三强调他在单位受到的重视，并感谢我们这么多年对他的教育。第二天他还写了一封电子邮件给我。儿子的反常行为让我和先生觉得很奇怪，不知道他打算干什么。观察了一段时间后，我们才发现，儿子在家里的时间越来越少，并且他把他的东西一点点地都带走了。等我们明白了，他的独立生活已经成为事实。儿子长大了，总得独立生活，我不得不接受这个事实。而放手对我来说，却实在是很难的一件事。

练习

二、参考语素的注释和例句，理解新的词语并选择填空

1. 显然　漠然　欣然
2. 误解　注解　理解
3. 论述　讨论　争论
4. 及格率　利率　效率

六、选择填空

1. D　2. A　3. D　4. C　5. C　6. C

七、连句成段

1. B C D E A
2. A B E D C
3. C A B D E

扩展阅读（一）

阅读后判断正误（正确的画"√"，错误的画"×"）

1. ×　2. √　3. √　4. ×

3 说话的技巧

课文导入

由于年龄、性别、职业以及性格爱好等方面的不同，人与人之间形成了<u>各种各样</u>的差异；加上今天社会生活的巨大差别，人们的工作<u>性质</u>不同，活动空间不同，生活经验不同，人与人之间在心理上也就<u>必然</u>存在一定的距离。语言是消除这种距离的最重要手段。同样的意思，使用不同的说法，会产生不同的<u>效果</u>。语言技巧运用得好，会使对方产生好感；而一句原本表示谦虚客气的话，如果说得不好，也有可能会使对方感到不快。说错了话，<u>甚至</u>会使你丢掉一份不错的工作。那么怎样说话才对呢？最重要的就是，说话时<u>除了</u>为自己想，更要为对方想。说到好事的时候，把重点放在对方身上；发生问题的时候，先把<u>责任</u>放在自己身上。当你要表现自己的时候，务必要记住不要忘了别人。

练习

二、参考语素的注释和例句，理解新的词语并选择填空

    1. 应试　应约　应聘

    2. 随后　随身　随同

    3. 取得　征得　获得

六、选择填空

    1. B　2. C　3. D　4. A　5. B　6. C

七、连句成段

    1. D A C E B

    2. D E A B C

    3. C E A B D

扩展阅读（二）

阅读后判断正误（正确的画"√"，错误的画"×"）

    1. ×　2. √　3. √　4. ×

4 发现步行之美

课文导入

三个多月前，我的车子突然不见了，于是我只好步行上下班。虽然我每天要花四十多分钟时间去单位，但是三个月以后，我竟然开始感谢小偷了，因为我在步行中发现了美。

首先，步行是简单方便的。当汽车在城市中挤来挤去，不能前进时，我们却可以迈开双腿，轻松自由地行动。

其次，步行可以欣赏城市的景色。我们的身边并不缺少美，缺少的是我们对美的发现。步行可以使我们的眼睛、我们的心灵感觉到美，在我们生活的这个城市中发现美丽。

第三，步行可以使我们心情愉快、身体健康。生命在于运动，而最好的运动方式就是步行。

第四，步行可以让我们有机会对自己进行思考，想一想自己每天做的事情是不是正确，使我们有机会认识自己，了解自己。

第五，步行可以使我们增长经验。人是社会和国家的一部分，我们应该更多地了解这个社会，了解我们的国家，而步行正是我们了解周围一切的好机会。

练习

二、参考语素的注释和例句，理解新的词语并选择填空

1. 观赏　赏析　赏月
2. 风情　风采　风度
3. 体验　体谅　身体力行

六、选择填空

1. B　2. A　3. C　4. A　5. A　6. D　7. D

七、连句成段

1. A E C D B
2. B A C D E
3. B A C D E

扩展阅读（一）

阅读后判断正误（正确的画"√"，错误的画"×"）

1. √　2. √　3. ×

5 海尔的美国之路

课文导入

张瑞敏是中国海尔公司的老板,1999年他决定在美国成立海尔贸易公司。他认为,美国海尔公司要想成功,首先要使海尔的公司文化能够得到美国职员的认同。因此,海尔决定请美国当地人来管理美国海尔。就这样,贾迈尔成了美国海尔公司的总经理。

贾迈尔希望海尔的产品能够进入沃尔玛,可是沃尔玛的老板对海尔并不感兴趣。于是贾迈尔决定先使海尔产品进入沃尔玛周围那些比较小的超市,在消费者中产生影响,从而影响沃尔玛。他的这一计划取得了成功,海尔的产品进入了美国各大超市,这标志着海尔进入了美国的主流市场。

练习

二、参考语素的注释和例句,理解新的词语并选择填空

1. 推销　经销　销路　展销
2. 视力　理解力　竞争力　记忆力
3. 面积　容积　乘积

六、选择填空

1. C　2. A　3. B　4. C　5. C

七、连句成段

1. C A B D E
2. E D C B A
3. A B C D E

扩展阅读(二)

阅读后判断正误(正确的画"√",错误的画"×")

1. √　2. ×　3. ×

6 我用石头砸开了IBM的门

课文导入

那天我工作结束后,来到一家发廊。我把头发染成了金黄色。正在这时,我接到了IBM公司面试的通知。我连忙让理发师把我的头发又染成了黑色。

我来不及换衣服,穿着工作服就赶到IBM公司,可是已经迟到了。看着穿着西服的男士们,我突然觉得我不属于这里。这时一个女孩儿过来把我领到了会议室,她让我把会议室的灯修好,原来她竟然把我当成了修理工。

面试开始了,我先解释了迟到的原因。面试我的经理开始问我对现在工作的看法,我告诉他我在一家公司实习。也不知为什么,我竟拿出一块石头给他讲我现在所做的工作。

当我顺利地开始在IBM工作以后,我问经理为什么录用我。他告诉我,是因为我对工作的热情,以及我的诚实。

练习

二、参考语素的注释和例句,理解新的词语并选择填空

1. 实情　实验　实用

2. 迷惑　迷恋　迷失

3. 自尊　自卑　自觉　自大

六、选择填空

1. A　2. C　3. B　4. C　5. C　6. D

七、连句成段

1. A C B D E

2. A B C D E

3. D C B E A

扩展阅读（二）

阅读后判断正误(正确的画"√",错误的画"×")

1. √　2. ×　3. ×　4. √

7 陈寿亭

课文导入

清朝末年,十五岁的陈六子父母去世,只好靠要饭生活。在一个下大雪的晚上,陈六子因为怕被冻死而不敢睡觉,在街上跑来跑去,让自己暖和一点儿。正好遇到一个开染厂的掌柜,掌柜的留下了他,并给他起了个正式的名字——陈寿亭。十年以后,陈寿亭成了一个出色的染匠,并帮助掌柜经营染厂,使这个染厂发展起来,成为附近最大的染厂。而他自己也成为当地有名的人物。

张店有一户很有影响的人家,主人姓卢。卢老爷的儿子家驹在德国学习染布,回国以后在青岛开了一家染厂。卢老爷很欣赏寿亭的能力,打算请他来帮着儿子经营。接到卢老爷的信以后,寿亭坐火车来到卢家。但是,留学回国的家驹对这个不认识字的染匠却从心里看不起。他们的合作将会怎么样呢?

练习

二、参考语素的注释和例句,理解新的词语并选择填空

1. 耐热　耐旱　耐用
2. 木匠　能工巧匠　花匠
3. 挑起　挑拨　挑战

六、选择填空

1. D　2. B　3. B　4. C　5. A

七、连句成段

1. D E C B A
2. A E D C B
3. B A C D E

扩展阅读（一）

阅读后判断正误(正确的画"√",错误的画"×")

1. √　2. ×　3. ×　4. ×

7

责任编辑：郑炜 / 装帧设计：张静

ROAD TO SUCCESS
A SERIES OF PROGRESSIVE CHINESE
TEXTBOOKS FOR FOREIGNERS

欢迎登录北京语言大学出版社网站
www.blcup.com

扩展阅读　　（一）城南旧事

妈妈说的，新帘子胡同像一把汤匙，我们家就住在靠近汤匙的底儿上，正是舀汤喝时碰到嘴唇的地方。于是爸爸就教训我，他绷着脸，瞪着眼说：

"不听话！喝汤不要出声，窣窣窣的，最不是女孩儿家相。舀汤时，汤匙也不要把碗碰得当当当地响……"

我小心地拿着汤匙，轻慢轻慢地探进汤碗里，爸又发脾气了：

"小人家要等大人先舀过了再舀，不能上一个菜，你就先下手，"他又转过脸向妈妈：

"你平常对孩子全没教习也是不行的……"

我心急得很，只想赶快吃了饭去到门口看方德成和刘平踢球玩儿，所以我就喝汤出了声，舀汤碰了碗，菜来先下手。我已经吃饱了，只好还坐在饭桌旁，等着给爸爸盛第二碗饭。爸爸说，不能什么都让佣人做，他这么大的人，在老家时，也还是吃完了饭仍站在一旁，听着爷爷的教训。

我乘着给爸爸盛好饭，就溜开了饭桌，走向靠着窗前的书桌去，只听妈妈悄悄对爸爸说：

"也别把她管得这么严吧，孩子才多大？去年那么一大场病，到现在还有胆小的毛病，听见你大声骂她，她就一声不言语，她原来不是这样的孩子呀！现在搬到这里来，换了一个地方，忘记以前的事，又上学了，好容易脸上长胖些……"

爸爸去睡午觉了，一家人都不许吵他，家里一点儿声音都没有，但是我听到街墙传来"嘭！嘭！"的声音，那准是方德成他们的皮球踢到墙上了。我在想，出去怎样跟他们说话，跟他们一起玩儿呢？在学校，我们女生是不跟男生说话的，理也不理他们，专门瞪他们，但是我现在很想踢球。

好妈妈，她过来了：

"出去跟那两个野孩子说，不要在咱们家门口踢球，你爸爸睡觉呢！"

跨越篇·第一册

辫子　biànzi　plait

钩　gōu
　　hitch; get caught

门框　ménkuàng
　　doorframe

掸子　dǎnzi　duster

掸　dǎn
　　flick with light sweeping movement to remove dust

跺脚　duòjiǎo
　　stamp one's feet

傻呵呵　shǎhēhē
　　simpleminded; silly

剃　tì　shave

挑子　tiāozi
　　carrying pole with its load

嗡　wēng　buzz

酸枣　suānzǎo
　　wild jujube

山楂　shānzhā
　　hawthorn

夸嘴　kuāzuǐ
　　boast; brag

皱　zhòu　frown

裹　guǒ
　　be stained with

　　有了这句话就好了，我飞快地向外跑，辫子又钩在门框的钉子上了，拔起我的头发根，痛死啦！这只钉子为什么不取掉？对了，是爸爸钉的，上面挂了一把鞋掸子，爸爸临出门和回家来，都先掸一掸鞋。他教我也要这样做，但是我觉得我鞋上的土，还是用跺脚的法子，跺得更干净些。

　　开街门的时候，宋妈问我：

　　"又哪儿疯去？"

　　"妈叫我出去的。"我理由充足地回答她。

　　门外一块圆场地，全被太阳照着，就像盛得满满的一匙汤。我了不起地站到方德成的面前说：

　　"不许往我们家墙上踢球，我爸爸睡觉呢！"

　　方德成从地上捡起皮球，傻呵呵地看着我。

　　我看着那片密密高高的草地，便对傻方德成他们说：

　　"不会上那边踢去，那房里没住人。"他们俩一听，转身就往对面跑去。球儿一脚一脚地踢到墙上又打回来，是多么的快活。

　　这是条死胡同，做买卖的从汤匙的把儿进来，绕着汤匙底儿走一圈，就还得从原路出去。这时剃头挑子过来了，那两片铁夹子"唤头"弹得嗡嗡地响，也没人出来剃头。打糖锣的也来了，他的挑子上有酸枣面儿，有印花人儿，有山楂片，还有珠串子，是我最喜欢的，但是妈妈不给钱，又有什么办法！打糖锣的老头子看我站在他的挑子前，便轻轻对我说：

　　"去，去，回家要钱去！"

　　教人要钱，这老头子真坏！我心里想着，便走开了。我不由得走向对面去，站在空草地的破砖墙前面，看方德成和刘平他们俩会不会叫我也参加踢球。球滚到我脚边来了，我赶快捡起来扔给他们。又滚到更远一点儿的墙边去了，我也跑过去替他们捡起来。这一次刘平一脚把球踢得老高老高的，他自己还夸嘴说："瞧老子踢得多棒！"但是这回球从高处落到那片高草地里了。

　　我离开他们回家去。宋妈正在院子里收衣服，她看见我便皱起眉头说："瞧裹得这身这脸的土！就跟那两个野小子踢球踢成这模样儿？"

136

"我没有踢球!"我的确没有踢球。

"骗谁!"宋妈撇嘴说着,又提起我的辫子,"你妈梳头是有名的手紧,瞧!还能让你玩儿散了呢!你说你够多淘!头绳儿哪?"

"是刚才那门上的钉子钩掉的。"我指着屋门那只挂鞋掸子的钉子争辩说。这时我低头看见我的鞋上也全是土,于是我在砖地上用力跺上几跺,土落下去不少。一抬头,看见妈妈隔着玻璃窗在屋里指点着我,我歪着头,皱起鼻子,向妈妈眯眯地笑了笑。她看见我这样笑,会原谅我的。

(节选,原作:林海音)

撇嘴 piězuǐ curl one's lip
淘 táo naughty
歪 wāi askew

阅读后判断正误(正确的画"√",错误的画"×")

( ) 1. 因为急着想去看踢球,"我"忘了女孩子吃饭的规矩。

( ) 2. "我"吃完饭就跑出去看踢球。

( ) 3. "我"常常跟方德成他们一起玩儿。

( ) 4. 方德成他们邀请"我"一起踢球。

（二）多收了三五斗

埠头　bùtóu
port; wharf

敞口　chǎngkǒu
uncovered

船舷　chuánxián
shipboard

漾　yàng　ripple

毡帽　zhānmào
felt hat

占卜　zhānbǔ
practise divination

糙米　cāomǐ
unpolished rice

谷　gǔ　paddy

跌　diē　drop

松懈　sōngxiè
relax; slacken

作梗　zuògěng
make trouble

课兆　kèzhào
sign; omen

粜　tiào　sell (grain)

嗤　chī　sneer

缴　jiǎo　hand in

万盛米行的河埠头，横七竖八停泊着乡村里出来的敞口船。船里装载的是新米，把船身压得很低。齐船舷的菜叶和垃圾给白腻的泡沫包围着，一漾一漾地，填没了这船和那船之间的空隙。河埠上去是仅容两三个人并排走的街道。万盛米行就在街道的那一边。朝晨的太阳光从破了的明瓦天棚斜射下来，光柱子落在柜台外面晃动着的几顶旧毡帽上。

那些戴旧毡帽的大清早摇船出来，到了埠头，气也不透一口，便来到柜台前面占卜他们的命运。"糙米五块，谷三块。"米行里的先生有气没力地回答他们。

"什么！"旧毡帽朋友几乎不相信自己的耳朵。美满的希望突然一沉，一会儿大家都呆了。

"在六月里，你们不是卖十三块么？"

"十五块也卖过，不要说十三块。"

"哪里有跌得这样厉害的！"

"现在是什么时候，你们不知道么？各处的米像潮水一般涌来，过几天还要跌呢！"

刚才出力摇船犹如赛龙船似的一股劲儿，现在在每个人的身体里松懈下来了。今年天照应，雨水调匀，小虫子也不来作梗，一亩田多收这么三五斗，谁都以为该得透一透气了。

哪里知道临到最后的占卜，却得到比往年更坏的课兆！

"还是不要粜的好，我们摇回去放在家里吧！"从简单的心里喷出了这样的愤激的话。

"嗤，"先生冷笑着，"你们不粜，人家就饿死了么？各处地方多的是洋米、洋面，头几批还没吃完，外洋大轮船又有几批运来了。"

洋米、洋面、外洋大轮船，那是遥远的事情，仿佛可以不管。而不粜那已经送到河埠头来的米，却只能作为一句愤激的话说说罢了。怎么能够不粜呢？田主方面的租是要缴的，为了雇帮工，买肥料，吃饱肚皮，借下的债是要还的。

138

"我们摇到范墓去粜吧。"在范墓，或许有比较好的命运等候着他们，有人这么想。

但是，先生又来了一个"嗤"，捻着稀微的短须说道："不要说范墓，就是摇到城里去也一样。我们同行公议，这两天的价钱是糙米五块，谷三块。"

"到范墓去粜没有好处，"同伴间也提出了驳议。"这里到范墓要过两个局子，知道他们捐我们多少钱！就说依他们捐，哪里来的现洋钱？"

"先生，能不能抬高一点儿？"差不多是哀求的声气。

"抬高一点儿，说说倒是很容易的一句话。我们这米行是拿本钱来开的，你们要知道，抬高一点儿，就是说替你们白当差，这样的傻事谁肯干？"

"这个价钱实在太低了，我们做梦也没想到。去年的粜价是七块半，今年的米价又卖到十三块，不，你先生说的，十五块也卖过；我们想，今年总该比七块半多一点儿吧。哪里知道只有五块！"

"先生，就是去年的老价钱，七块半吧。"

"先生，种田人可怜，你们行行好心，少赚一点儿吧。"

另一位先生听得厌烦，把嘴里的香烟屁股扔到街心，睁大了眼睛说："你们嫌价钱低，不要粜好了。是你们自己来的，并没有请你们来。只管多啰唆做什么！我们有的是洋钱，不买你们的，有别人的好买。你们看，船埠头又有两只船停在那里了。"

三四顶旧毡帽从石级下升上来，旧毡帽下面是表现着希望的酱赤的脸。他们随即加入先到的一群。斜伸下来的光柱子落在他们的破布袄的肩背上。

"听听看，今年什么价钱。"

"比去年都不如，只有五块钱！"伴着一副懊丧到无可奈何的神色。

"什么！"希望犹如肥皂泡，一会儿又迸裂了三四个。

希望的肥皂泡虽然迸裂了，载在敞口船里的米可总得粜出；而且命里注定，只有卖给这一家万盛米行。米行里有的是洋钱，而破布袄的空口袋里正需要洋钱。

在米质好和坏的辩论之中，在斛子浅和满的争持之下，结果

陈寿亭

捻　niǎn
twist with fingers

驳　bó　refute

捐　juān　tax

哀求　āiqiú
entreat; implore

啰唆　luōsuō
garrulous

酱赤　jiàngchì
dark brown

袄　ǎo
short and lined coat

懊丧　àosàng
dejected; depressed

迸裂　bèngliè　split

斛子　húzi
a measuring tool used in former times

139

廒 áo
storehouse for grain

船埠头的敞口船真个敞口朝天了；船身浮起了好些，填没了这船那船之间的空隙的菜叶和垃圾就看不见了。旧毡帽朋友把自己种出来的米送进了万盛米行的廒间，换到手的是或多或少的一叠钞票。

(节选，原作：叶圣陶)

阅读后回答问题

1. "旧毡帽朋友"是什么人？
2. 米价为什么跌得这么厉害？
3. "旧毡帽"们的心情有什么变化？
4. 不卖米行吗？为什么？

词语索引

A

矮小	ǎixiǎo	（形）	6
安步当车	ān bù dàng chē	（成语）	4
安装	ānzhuāng	（动）	6
暗暗	àn'àn	（副）	3
昂首阔步	áng shǒu kuò bù	（成语）	4

B

八成儿	bāchéngr	（副）	3
巴不得	bābude	（动）	2
罢	bà	（动）	7
拜访	bàifǎng	（动）	3
包围	bāowéi	（动）	5
宝贝	bǎobèi	（名）	2
报酬	bàochou	（名）	5
抱拳	bàoquán	（动）	7
被动	bèidòng	（形）	3
本地	běndì	（名）	6
本土化	běntǔhuà	（动）	5
笨重	bènzhòng	（形）	5
彼得·斯科特	Bǐdé Sīkētè	（专名）	1
辩论	biànlùn	（动）	2
标志	biāozhì	（动、名）	4
表哥	biǎogē	（名）	3
冰箱	bīngxiāng	（名）	5
不快	búkuài	（形）	3
不料	búliào	（副）	3
不翼而飞	bú yì ér fēi	（成语）	4
捕	bǔ	（动）	1
不知所措	bù zhī suǒ cuò	（成语）	6
布	bù	（名）	7
步行	bùxíng	（动）	4
部落	bùluò	（名）	1

C

测试	cèshì	（动）	6
产品	chǎnpǐn	（名）	5
产物	chǎnwù	（名）	4
尝试	chángshì	（动）	6
超市	chāoshì	（名）	5
车子	chēzi	（名）	4
陈寿亭	Chén Shòutíng	（专名）	7
闯劲	chuǎngjìn	（名）	6
承诺	chéngnuò	（动）	5
迟早	chízǎo	（副）	2
出色	chūsè	（形）	2
出于	chūyú	（介）	1
创办	chuàngbàn	（动）	1
创新	chuàngxīn	（动、名）	5
纯洁	chúnjié	（形）	4
辞	cí	（动）	3
匆忙	cōngmáng	（形）	3
从而	cóng'ér	（连）	5
凑	còu	（动）	7
粗心大意	cūxīn dàyì	（成语）	2

D

褡子	dāzi	（名）	7
打扫	dǎsǎo	（动）	4
大名鼎鼎	dà míng dǐngdǐng	（成语）	5

141

大雁	dàyàn	（名）	1
大致	dàzhì	（形）	6
得罪	dézuì	（动）	3
凳子	dèngzi	（名）	7
滴滴答答	dīdī dādā	（象声）	6
的确	díquè	（副）	6
敌人	dírén	（名）	1
电子邮件	diànzǐ yóujiàn		2
雕刻	diāokè	（动、名）	6
爹	diē	（名）	7
钉子	dīngzi	（名）	1
动人	dòngrén	（形）	1
动听	dòngtīng	（形）	1
动心	dòngxīn	（动）	5
抖动	dǒudòng	（动）	7
斗志	dòuzhì	（名）	6
独善其身	dú shàn qí shēn	（成语）	4
独身	dúshēn	（动）	5

E

额	é	（名）	5
儿媳妇	érxífu	（名）	7
而	ér	（连）	1

F

发廊	fàláng	（名）	6
凡是	fánshì	（副）	7
繁花	fánhuā	（名）	7
繁荣	fánróng	（形）	1
反常	fǎncháng	（形）	2
反复	fǎnfù	（副）	2
反省	fǎnxǐng	（动）	4
放手	fàngshǒu	（动）	2
放松	fàngsōng	（动）	6
菲比	Fēibǐ	（专名）	3

翡翠	Fěicuì	（专名）	7
费尽心机	fèijìn xīnjī	（成语）	5
纷纷	fēnfēn	（形）	4
奋斗	fèndòu	（动）	4
奋战	fènzhàn	（动）	2
风采	fēngcǎi	（名）	4
风格	fēnggé	（名）	4
负	fù	（动）	3

G

改造	gǎizào	（动）	4
尴尬	gāngà	（形）	2
赶忙	gǎnmáng	（副）	6
感慨	gǎnkǎi	（动）	7
感染	gǎnrǎn	（动）	7
告辞	gàocí	（动）	3
胳膊	gēbo	（名）	4
革命	gémìng	（动、名）	4
工序	gōngxù	（名）	7
工作服	gōngzuòfú	（名）	6
公元前	gōngyuán qián		4
供	gōng	（动）	7
供应	gōngyìng	（动）	5
供应商	gōngyìngshāng	（名）	5
拐弯	guǎiwān	（动）	6
观赏	guānshǎng	（动）	1
归	guī	（动）	2
归功于	guīgōng yú		3
归来	guīlái	（动）	2
规格	guīgé	（名）	5
规模	guīmó	（名）	1
鬼使神差	guǐ shǐ shén chāi	（成语）	6
棍	gùn	（名）	7
国画	guóhuà	（名）	3
国际化	guójìhuà	（动）	5
过人	guòrén	（形）	3
过硬	guòyìng	（形）	5

词语索引

H

海尔	Hǎi'ěr	(专名)	5
海棠	hǎitáng	(名)	7
毫无	háowú	(副)	1
好歹	hǎodǎi	(副)	6
好感	hǎogǎn	(名)	3
喝彩	hècǎi	(动)	3
横七竖八	héng qī shù bā	(成语)	4
忽视	hūshì	(动)	3
虎	hǔ	(名)	7
户口	hùkǒu	(名)	6
花岗岩	huāgāngyán	(名)	6
欢喜	huānxǐ	(形)	7
患	huàn	(动)	2
黄金	huángjīn	(名)	1
灰	huī	(形)	6
回想	huíxiǎng	(动)	2
会议室	huìyìshì	(名)	6
惠而浦	Huì'érpǔ	(专名)	5

J

积极分子	jījí fènzǐ		1
基金	jījīn	(名)	1
激	jī	(动)	7
激光	jīguāng	(名)	6
吉祥	jíxiáng	(形)	7
记性	jìxing	(名)	6
技巧	jìqiǎo	(名)	3
家电	jiādiàn	(名)	5
家驹	Jiājū	(专名)	7
家骏	Jiājùn	(专名)	7
贾迈尔	Jiǎmài'ěr	(专名)	5
简历	jiǎnlì	(名)	6
简直	jiǎnzhí	(副)	4
将军	jiāngjūn	(名)	3
教书	jiāoshū	(动)	3
焦虑症	jiāolǜzhèng	(名)	2
叫卖	jiàomài	(动)	4
节奏	jiézòu	(名)	4
结构	jiégòu	(名)	4
金黄	jīnhuáng	(形)	6
金属	jīnshǔ	(名)	6
筋疲力尽	jīn pí lì jìn	(成语)	2
进化	jìnhuà	(动)	4
进一步	jìnyíbù	(副)	5
经销商	jīngxiāoshāng	(名)	5
惊	jīng	(动)	7
精神病	jīngshénbìng	(名)	2
井井有条	jǐngjǐng yǒu tiáo	(成语)	7
竞赛	jìngsài	(名)	1
竞走	jìngzǒu	(名)	4
久仰	jiǔyǎng	(动)	3
居然	jūrán	(副)	2
具体	jùtǐ	(形)	2
绝	jué	(形)	7

K

开发	kāifā	(动)	5
开窍	kāiqiào	(动)	7
客厅	kètīng	(名)	2
空白	kòngbái	(名)	6
空地	kòngdì	(名)	5
控制	kòngzhì	(动)	1
口气	kǒuqì	(名)	7

L

来	lái	(助)	2
朗声	lǎngshēng	(副)	7
老太太	lǎotàitai		7
老爷	lǎoye	(名)	7

泪光	lèiguāng	（名）	2
泪水	lèishuǐ	（名）	2
冷静	lěngjìng	（形）	4
冷落	lěngluò	（动）	7
愣	lèng	（动）	3
离任	lírèn	（动）	3
里屋	lǐwū	（名）	7
理发师	lǐfàshī	（名）	6
利润	lìrùn	（名）	5
连锁店	liánsuǒdiàn	（名）	5
林	lín	（名）	1
林荫大道	línyīn dà dào		4
琳达	Líndá	（专名）	3
凌晨	língchén	（名）	2
领带	lǐngdài	（名）	6
溜	liū	（动）	2
笼	lóng	（名）	1
卢	Lú	（专名）	7
录用	lùyòng	（动）	6

M

没大没小	méi dà méi xiǎo		2
眉毛	méimao	（名）	7
猛然	měngrán	（副）	3
迷糊	míhu	（形）	6
迷茫	mímáng	（形）	6
秘书	mìshū	（名）	6
面目	miànmù	（名）	1
面试	miànshì	（名）	6
冥思苦想	míng sī kǔ xiǎng	（成语）	5
命	mìng	（名）	7
命名	mìngmíng	（动）	5
莫名其妙	mò míng qí miào	（成语）	3
默默无闻	mòmò wú wén	（成语）	5

N

难怪	nánguài	（副）	3
难以	nányǐ	（副）	5
能人	néngrén	（名）	7
能说会道	néng shuō huì dào	（成语）	7
娘	niáng	（名）	7
扭	niǔ	（动）	4
女友	nǚyǒu	（名）	2

O

欧阳修	Ōuyáng Xiū	（专名）	1

P

拍案而起	pāi àn ér qǐ	（成语）	1
泡	pào	（动）	6
陪伴	péibàn	（动）	1
培养	péiyǎng	（动）	2
皮肤	pífū	（名）	4
偏偏	piānpiān	（副）	6
瓢	piáo	（名）	7
频率	pínlǜ	（名）	2
品牌	pǐnpái	（名）	5
聘请	pìnqǐng	（动）	3
婆婆	pópo	（名）	7
扑鼻	pūbí	（动）	7

Q

牵	qiān	（动）	2
谦虚	qiānxū	（形）	3
前进	qiánjìn	（动）	4
墙角	qiángjiǎo	（名）	2
巧妙	qiǎomiào	（形）	3

青岛	Qīngdǎo	(专名)	5		省事	shěngshì	(形)	7
情景	qíngjǐng	(名)	4		施压	shīyā	(动)	5
请安	qǐng'ān	(动)	7		时髦	shímáo	(形)	6
请示	qǐngshì	(动)	3		实话实说	shíhuà shíshuō	(成语)	6
屈膝	qūxī	(动)	7		实事求是	shí shì qiú shì	(成语)	1
曲	qǔ	(量)	4		实习	shíxí	(动)	6
犬	quǎn	(名)	3		事件	shìjiàn	(名)	5
					收容所	shōuróngsuǒ	(名)	3
					手工	shǒugōng	(名)	7
R					狩猎	shòuliè	(动)	1
染	rǎn	(动)	6		属	shǔ	(动)	7
染厂	rǎnchǎng	(名)	7		树立	shùlì	(动)	5
染匠	rǎnjiàng	(名)	7		双方	shuāngfāng	(名)	2
惹	rě	(动)	3		顺	shùn	(动)	6
人才	réncái	(名)	5		顺手	shùnshǒu	(副)	7
人士	rénshì	(名)	5		说谎	shuōhuǎng	(动)	6
忍不住	rěn bu zhù		7		思考	sīkǎo	(动)	4
认同	rèntóng	(动)	5		送行	sòngxíng	(动)	3
如何	rúhé	(代)	5		诉苦	sùkǔ	(动)	3
如愿以偿	rú yuàn yǐ cháng	(成语)	6		塑料	sùliào	(名)	5
					算	suàn	(动)	1
					算是	suànshì	(动)	3
S					随后	suíhòu	(副)	5
稍	shāo	(副)	7		随即	suíjí	(副)	3
少爷	shàoye	(名)	7		随着	suízhe	(介)	1
射手座	Shèshǒu Zuò	(专名)	2					
涉及	shèjí	(动)	1					
申请	shēnqǐng	(动)	6		**T**			
深厚	shēnhòu	(形)	4		台面	táimiàn	(名)	5
深刻	shēnkè	(形)	1		忐忑不安	tǎntè bù'ān	(成语)	6
神经	shénjīng	(名)	2		特地	tèdì	(副)	5
审视	shěnshì	(动)	4		啼	tí	(动)	1
升	shēng	(量)	5		提拔	tíbá	(动)	3
生动	shēngdòng	(形)	4		提供	tígōng	(动)	5
生态	shēngtài	(名)	1		提交	tíjiāo	(动)	6
生态学	shēngtàixué	(名)	1		提问	tíwèn	(动)	6
生物	shēngwù	(名)	1					

体会	tǐhuì	(动、名)	4	犀利	xīlì	(形)	6
体积	tǐjī	(名)	5	膝盖	xīgài	(名)	2
体检	tǐjiǎn	(动)	6	喜色	xǐsè	(名)	7
体验	tǐyàn	(动)	4	系统	xìtǒng	(名)	1
天花板	tiānhuābǎn	(名)	6	细	xì	(形)	3
甜美	tiánměi	(形)	6	下属	xiàshǔ	(名)	3
条纹	tiáowén	(名)	6	吓一跳	xià yí tiào		2
调试	tiáoshì	(动)	6	先进	xiānjìn	(形)	1
挑衅	tiǎoxìn	(动)	7	县城	xiànchéng	(名)	6
听命于人	tīng mìng yú rén	(成语)	3	现实	xiànshí	(名)	1
听众	tīngzhòng	(名)	3	相依为命	xiāng yī wéi mìng	(成语)	1
通知书	tōngzhīshū	(名)	6	削	xiāo	(动)	6
兔	tù	(名)	7	消灭	xiāomiè	(动)	1
推销	tuīxiāo	(动)	5	销售	xiāoshòu	(动)	5
				小偷	xiǎotōu	(名)	4
				协会	xiéhuì	(名)	1

W

				心理	xīnlǐ	(名)	2
外交官	wàijiāoguān	(名)	3	心灵	xīnlíng	(名)	4
万万	wànwàn	(副)	6	欣赏	xīnshǎng	(动)	4
旺盛	wàngshèng	(形)	6	行礼	xínglǐ	(动)	7
威胁	wēixié	(动)	1	形成	xíngchéng	(动)	6
唯一	wéiyī	(形)	5	雪白	xuěbái	(形)	6
伟大	wěidà	(形)	4	血液	xuèyè	(名)	4
文件	wénjiàn	(名)	3				
沃尔玛	Wò'ěrmǎ	(专名)	5				
无非	wúfēi	(副)	5

Y

|
无心	wúxīn	(形)	3	眼前	yǎnqián	(名)	4
无心之失	wúxīn zhī shī	(成语)	3	洋葱	yángcōng	(名)	2
务必	wùbì	(副)	3	仰慕	yǎngmù	(动)	3
物种	wùzhǒng	(名)	1	要不是	yàobúshì	(连)	5
				要不	yàobù	(连)	7

X

				要饭	yàofàn	(动)	7
				医学	yīxué	(名)	4
西尔斯	Xī'ěrsī	(专名)	5	依依不舍	yī yī bù shě	(成语)	2
西服	xīfú	(名)	6	(一)辈子	(yí)bèizi	(名)	3
西装	xīzhuāng	(名)	6	一向	yíxiàng	(副)	2
希腊	Xīlà	(专名)	4	一再	yízài	(副)	7

词语索引

怡然自得	yírán zìdé	(成语)	4	战略	zhànlüè	(名)	5
疑惑	yíhuò	(动)	6	张大千	Zhāng Dàqiān	(专名)	3
以	yǐ	(介)	4	张瑞敏	Zhāng Ruìmǐn	(专名)	5
以致	yǐzhì	(连)	4	掌心	zhǎngxīn	(名)	2
一举一动	yì jǔ yí dòng	(成语)	2	掌柜	zhǎngguì	(名)	7
意味着	yìwèizhe	(动)	5	沼泽	zhǎozé	(名)	1
引起	yǐnqǐ	(动)	3	这样一来	zhèyàng yì lái		5
印第安人	Yìndì'ānrén	(专名)	1	真的	zhēnde	(形)	2
应	yìng	(介)	3	挣	zhèng	(动)	1
应邀	yìngyāo	(动)	3	支付	zhīfù	(动)	5
赢得	yíngdé	(动)	3	知书达礼	zhī shū dá lǐ	(成语)	7
影响力	yǐngxiǎnglì	(名)	5	知之甚少	zhī zhī shèn shǎo	(成语)	1
用心	yòngxīn	(形)	7	侄子	zhízi	(名)	7
优越	yōuyuè	(形)	7	直截了当	zhíjié liǎodàng	(成语)	3
有生以来	yǒu shēng yǐlái		6	直立	zhílì	(动)	4
有限公司	yǒuxiàn gōngsī		5	职位	zhíwèi	(名)	6
有意	yǒuyì	(动)	5	只管	zhǐguǎn	(副)	2
娱乐	yúlè	(动、名)	2	指引	zhǐyǐn	(动)	6
预防针	yùfángzhēn	(名)	2	智慧	zhìhuì	(名)	1
员工	yuángōng	(名)	5	智力	zhìlì	(名)	6
原本	yuánběn	(副)	3	重点	zhòngdiǎn	(名)	3
原始	yuánshǐ	(形)	1	州	zhōu	(名)	5
原则	yuánzé	(名)	3	主持	zhǔchí	(动)	1
源泉	yuánquán	(名)	4	主流	zhǔliú	(名)	5
猿	yuán	(名)	4	祝愿	zhùyuàn	(动)	4
				专	zhuān	(形)	5
Z				追悔莫及	zhuīhuǐ mò jí	(成语)	1
				琢磨	zuómo	(动)	2
砸	zá	(动)	6	自负	zìfù	(形)	3
再三	zàisān	(副)	2	自强	zìqiáng	(形)	7
咱	zán	(代)	7	自我	zìwǒ	(代)	4
造成	zàochéng	(动)	1	自信	zìxìn	(形)	6
责备	zébèi	(动)	3	自在	zìzài	(形)	1
曾子	Zēngzǐ	(专名)	4	总裁	zǒngcái	(名)	5
展示	zhǎnshì	(动)	4	走廊	zǒuláng	(名)	6
盏	zhǎn	(量)	6	做主	zuòzhǔ	(动)	3

147

扩展词语索引

A

哀求	āiqiú	(动)	7
爱普生	Àipǔshēng	(专名)	5
安身立命	ān shēn lì mìng	(成语)	6
廒	áo	(名)	7
袄	ǎo	(名)	7
懊丧	àosàng	(形)	7

B

跋涉	báshè	(动)	1
扮演	bànyǎn	(动)	5
悲欢离合	bēi huān lí hé	(成语)	2
绷	běng	(动)	7
迸裂	bèngliè	(动)	7
辫子	biànzi	(名)	7
波折	bōzhé	(名)	2
播撒	bōsǎ	(动)	1
驳	bó	(动)	7
哺育	bǔyù	(动)	2
埠头	bùtóu	(名)	7

C

糙米	cāomǐ	(名)	7
策略	cèlüè	(名)	5
谄媚	chǎnmèi	(动)	2
敞口	chǎngkǒu	(形)	7
承担	chéngdān	(动)	5
嗤	chī	(象声)	7
筹划	chóuhuà	(动)	1
传播	chuánbō	(动)	1
船舷	chuánxián	(名)	7
疮痍	chuāngyí	(名)	2

D

掸子	dǎnzi	(名)	7
淡泊	dànbó	(形)	3
低廉	dīlián	(形)	5
滇	Diān	(专名)	1
跌	diē	(动)	7
叮嘱	dīngzhǔ	(动)	1
对策	duìcè	(名)	1
跺脚	duòjiǎo	(动)	7

E

| 蛾子 | ézi | (名) | 2 |

F

| 焚 | fén | (动) | 2 |
| 否则 | fǒuzé | (连) | 2 |

G

岗位	gǎngwèi	(名)	5
钩	gōu	(动)	7
谷	gǔ	(名)	7
骨干	gǔgàn	(名)	5
顾忌	gùjì	(动)	3
灌输	guànshū	(动)	1
诡诈	guǐzhà	(形)	3
裹	guǒ	(动)	7

149

H

含蓄	hánxù	（形）	3
合乎时宜	héhū shíyí		3
斛子	húzi	（名）	7
缓解	huǎnjiě	（动）	4
荒废	huāngfèi	（形）	2
回避	huíbì	（动）	3
混浊	hùnzhuó	（形）	4

J

基金会	jījīnhuì	（名）	1
激发	jīfā	（动）	1
坚持不懈	jiānchí bú xiè	（成语）	4
酱赤	jiàngchì	（形）	7
缴	jiǎo	（动）	7
结晶	jiéjīng	（名）	1
警戒线	jǐngjièxiàn	（名）	1
龃龉	jǔyǔ	（动）	3
捐	juān	（动）	7
决策	juécè	（名）	5

K

克制	kèzhì	（动）	2
课兆	kèzhào	（名）	7
夸嘴	kuāzuǐ	（动）	7
跨国企业	kuàguó qǐyè		5
狂热	kuángrè	（形）	2
困扰	kùnrǎo	（动）	1

L

缆车	lǎnchē	（名）	6
廉洁	liánjié	（形）	3
裂痕	lièhén	（名）	2
领会	lǐnghuì	（动）	3
庐山真面目	Lú Shān zhēn miànmù		4
轮换	lúnhuàn	（动）	5
啰唆	luōsuō	（形）	7

M

门框	ménkuàng	（名）	7
弥笃	mí dǔ		2
觅	mì	（动）	5
敏捷	mǐnjié	（形）	4
模糊	móhu	（形）	3
摩擦	mócā	（名）	3
莫须有	mòxūyǒu		6

N

难言之隐	nán yán zhī yǐn		3
捻	niǎn	（动）	7
凝聚力	níngjùlì	（名）	5

P

嘭	pēng	（象声）	7
撇嘴	piězuǐ	（动）	7
拼搏	pīnbó	（动）	6
平易近人	píngyì jìn rén	（成语）	3
颇	pō	（副）	6

Q

其乐融融	qí lè róngróng	（成语）	4
其貌不扬	qí mào bù yáng	（成语）	3
歧视	qíshì	（动）	6
前程似锦	qiánchéng sì jǐn	（成语）	3
潜力	qiánlì	（名）	4

扩展词语索引

潜心	qiánxīn	（动）	1
切身	qièshēn	（形）	5
青睐	qīnglài	（动）	5
情调	qíngdiào	（名）	5
渠道	qúdào	（名）	5

R

| 容忍 | róngrěn | （动） | 2 |
| 锐减 | ruìjiǎn | （形） | 2 |

S

傻呵呵	shǎhēhē	（形）	7
山楂	shānzhā	（名）	7
汕头	Shàntóu	（专名）	5
审时度势	shěn shí duó shì	（成语）	3
失和	shīhé	（形）	3
失调	shītiáo	（形）	1
食道癌	shídào'ái	（名）	1
视野	shìyě	（名）	6
熟稔	shúrěn	（形）	2
鼠标	shǔbiāo	（名）	5
松懈	sōngxiè	（形）	7
窣	sū	（象声）	7
酸枣	suānzǎo	（名）	7

T

坦率	tǎnshuài	（形）	2
汤匙	tāngchí	（名）	7
搪塞	tángsè	（动）	3
糖尿病	tángniàobìng	（名）	4
淘	táo	（形）	7
梯队	tīduì	（名）	6
剃	tì	（动）	7

挑子	tiāozi	（名）	7
眺	tiào	（动）	7
贴近	tiējìn	（动）	5

W

歪	wāi	（形）	7
唯	wéi	（副）	2
委婉	wěiwǎn	（形）	3
嗡	wēng	（象声）	7

X

翔实	xiángshí	（形）	3
小资	xiǎozī	（名）	5
协调	xiétiáo	（动）	5
心领神会	xīn lǐng shén huì	（成语）	3
新陈代谢	xīn chén dàixiè	（成语）	4
胸襟	xiōngjīn	（名）	2
虚夸	xūkuā	（动）	3
虚荣	xūróng	（形）	3
虚伪	xūwěi	（形）	3
宣泄	xuānxiè	（动）	4
雪中送炭	xuě zhōng sòng tàn	（成语）	3
血缘	xuèyuán	（名）	2
旬	xún	（名）	1

Y

漾	yàng	（动）	7
腰板	yāobǎn	（名）	1
摇篮	yáolán	（名）	1
舀	yǎo	（动）	7
意图	yìtú	（名）	3
隐藏	yǐncáng	（动）	2
隐婚	yǐnhūn	（动）	6

151

硬朗	yìnglang	（形）	4
佣人	yōngren	（名）	7
踊跃	yǒngyuè	（形）	1
油嘴滑舌	yóu zuǐ huá shé	（成语）	3
游刃有余	yóu rèn yǒu yú	（成语）	6
愚蠢	yúchǔn	（形）	2
渊博	yuānbó	（形）	3
怨天尤人	yuàn tiān yóu rén	（成语）	6

Z

咂摸	zāmo	（动）	2
扎实	zhāshi	（形）	6
占卜	zhānbǔ	（动）	7
毡帽	zhānmào	（名）	7
斩钉截铁	zhǎn dīng jié tiě	（成语）	6
诊断	zhěnduàn	（动）	1
忠告	zhōnggào	（动）	3
舟车劳顿	zhōuchē láodùn	（成语）	5
皱	zhòu	（动）	7
自尊	zìzūn	（名）	3
作梗	zuògěng	（动）	7
作践	zuòjian	（动）	2

致教师

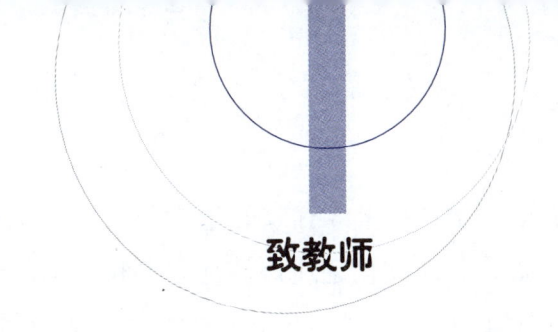

《成功之路·提高篇》和《成功之路·跨越篇》，是为已初步掌握汉语基本语法、常用词汇量在 2000 个左右的汉语学习者编写的中级汉语综合教材。它将语言知识、语言技能及社会文化融为一体，对近些年来对外汉语教学界最新研究成果，诸如语素研究、语段研究、语用研究等加以适当应用，教学内容和形式更趋完整、规范，富有新意。

一、编写依据

本教材是在对北京语言大学汉语进修学院近 300 名中级进修生进行的问卷调查基础上编写出来的。根据学生的需求，筛选出近 20 个认同率较高的题材，这些题材基本上能勾勒出当代中国社会和生活的面貌，具有一定的代表性。我们研制这套教材的主要依据是国家汉办《高等学校外国留学生汉语教学大纲（长期进修）》，同时参考了比较成熟的对外汉语教学研究成果，包含着我们在多年的教学实践和探索中积累的一些经验和认识。

二、教学建议

《提高篇》和《跨越篇》各两册，每册 7 课，供中级阶段一学年使用。建议每课用 6~8 学时完成，每学时 50 分钟。

教学环节的具体建议如下：

1. 课文导入　为学生进入正式课文作热身训练。学生通过听录音对课文所涉及的内容进行一定的联想、猜测、理解。同时进行小型讨论，让学生迅速将注意力集中到相关内容上，刺激学生迅速调集已学过的相关词语，组成一个语义场，为展开课文作铺垫。同时可以弥补以往中级汉语综合课在听力训练方面较弱的不足，强化听力训练。

2. 课文　建议教师从听入手进行教学。学生先听，在听的基础上回答问题，然后再进行读的训练。生词的处理，既可在课文中讲解，也可单讲生词，处理完生词再开始课文学习。教师可视教学对象和自己的教学习惯，选择合适的教法。

在学生全面理解课文的基础上，可作相应的延展性训练。比如，复述课文、对课文的观点展开讨论和辩论、表演课文、评论课文的某个角色或观点、看法等。

3. **语素练习**　语素练习是汉语学习非常有效的训练项目，训练得好可以达到事半功倍的效果。除了书上的词汇扩展之外，我们还应该鼓励学生利用某个语素组成更多的词语。这样既可对学生以前所学的词语作归纳总结，又可迅速扩展学生的词汇量，帮助他们建立语素意识，从而提高他们的快速联想及猜测能力和阅读理解能力。

4. **近义词辨析**　建议教师认真辨析每一组近义词的异同，特别是它们的相异之处。教师应先讲清各词的含义、词性、句法功能，最后设计一些练习让学生辨别。设计的选择练习，答案应具有唯一性。

5. **成语练习**　多数留学生认为，成语很难掌握，意思容易理解，但不知如何使用。因此建议教师将重点放在使用上，即给出相应的例句，每个例句应该明显体现该成语在句中的位置。再者，还要讲清它的感情色彩，是褒义还是贬义，这一点很重要。

6. **语段练习**　中级阶段培养学生的语段认知和运用能力十分重要。建议教师要引导学生，一起归纳、总结汉语连句成段的方式和手段，使学生逐步理解汉语语段的构成方式及内在的连接规律，并逐步培养学生的汉语口语和书面语成段表达能力。

7. **扩展阅读**　这是为了给学生提供更多的汉语语言材料而设的一个项目。目的是扩展主课文的题材，扩大词汇量，加强学生的汉语语感。建议教师要求学生课下限时完成，不查词典，能理解大意、简单回答问题即可。第二次上课时快速检查一遍。

以上是我们对这套教材的研制工作所作的简要说明，同时提出我们的教学建议，仅供参考。

执行主编
2008 年 6 月

版权声明

《成功之路》是一套对外汉语教材,其中《提高篇》、《跨越篇》、《冲刺篇》、《成功篇》的课文是在真实文本的基础上改写而成的。由于时间、地域等多方面的原因,我们在无法与权利人取得联系的情况下使用了有关作者的作品,同时因教学需要,对作品进行了一些改动。尽管我们力求忠实于原作品,但仍可能使作品失去一些原有的光彩。对此,我们深表歉意并衷心希望得到权利人的理解和支持。另外,有些作品由于无法了解作者的信息,未署作者的姓名,请权利人谅解。

为尊重作者的著作权,现特别委托北京版权代理有限责任公司向权利人转付本套书中部分文字的稿酬。请相关著作权人直接与北京版权代理有限责任公司取得联系并领取稿酬。领取稿酬时请提供相关资料:本人身份证明;作者身份证明。

联系方式如下:
北京版权代理有限责任公司
联系人:吴文波、方芳
地 址:北京海淀区知春路23号量子银座1403室
邮 编:100083
电 话:(010) 82357056 (57/58) – 230/229
传 真:(010) 82357055

编者
2008 年 8 月

Embark on your Chinese learning from the website of Beijing Language and Culture University Press

北京语言大学出版社网站：**www.blcup.com**

从这里开始……

International online orders
TEL: +86-10-82303668
　　　+86-10-82303080
Email: service@blcup.net

这里是对外汉语精品教材的展示平台

汇集2000余种对外汉语教材，检索便捷，每本教材有目录、简介、样课等详尽信息。

It showcases BLCUP's superb textbooks of TCFL (Teaching Chinese as a Foreign Language)

It has a collection of more than 2,000 titles of BLCUP's TCFL textbooks, which are easy to be searched, with details such as table of contents, brief introduction and sample lessons for each textbook.

这里是覆盖全球的电子商务平台

在任何地点，均可通过VISA/MASTER卡在线购买。

It provides an e-commerce platform which covers the whole world.

Online purchase with VISA/MASTER Card can be made in every part of the world.

这里是数字出版的体验平台

只需在线支付，即刻就可获取质高价优的全新电子图书。

It provides digital publication service.

A top-grade and reasonably-priced brand new e-book can be obtained as soon as you pay for it online.

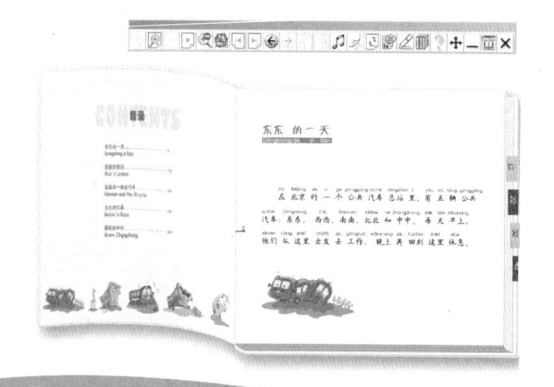

这里是对外汉语教学/学习资源的服务平台

提供测试题、知识讲解、阅读短文、教案、课件、教学示范、教材配套资料等各类文字、音视频资源。

It provides a services platform for Chinese language learning for foreigners.

All kinds of written and audio-visual teaching resources are available, including tests, explanations on language points, reading passages, teaching plans, courseware, teaching demo and other supplementary teaching materials etc.

这里是沟通交流的互动平台

汉语教学与学习论坛，使每个参与者都能共享海量信息与资源。

It provides a platform for communication.

This platform for Chinese teaching and learning makes it possible for every participant to share our abundant data and resources.